AF451976

L'ART
DE L'ÉCRITURE
DÉMONTRÉ,

TANT PAR DES MODÈLES QUE PAR DES DISCOURS

ET DISSERTATIONS SUR SES PRINCIPES.

PRIX : 12 francs.

L'ART

DE L'ÉCRITURE

DÉMONTRÉ,

TANT PAR DES MODÈLES QUE PAR DES DISCOURS

ET DISSERTATIONS SUR SES PRINCIPES.

Ouvrage dans lequel on combat des idées fausses sur l'enseignement de cet Art, et où l'on fait voir que l'Art de Vérifier les Écritures en est une dépendance naturelle; que l'on ne peut être bon Vérificateur qu'après avoir médité et enseigné les vrais principes de l'Écriture.

Par M. HARGER,

Membre de la Société libre d'Institution, ancien Expert-Écrivain-Vérificateur des Tribunaux, Membre et Secrétaire perpétuel du ci-devant Bureau Académique d'Écriture.

A PARIS,

Chez
- L'Auteur, rue Sainte-Croix-de-la-Bretonnerie, n°. 60, ci-devant rue des Rosiers, n°. 12.
- Lenoir, successeur de Pilot, Marchand d'Estampes, rue Saint-Jacques, n°. 191.

De l'Imprimerie de Millet, rue de la Tixéranderie, n°. 17, près la Place Baudoyer. 

AN XII. — 1804.

L'ART

DE L'ÉCRITURE

DÉMONTRÉ,

Tant par des modèles que par des discours et dissertations sur ses principes.

A LA SOCIÉTÉ LIBRE D'INSTITUTION,

Séante à l'Oratoire, ci - devant au Louvre.

MESSIEURS,

ÉLEVÉ, pour ainsi dire, dans la Communauté des Maîtres Écrivains de Paris, au milieu des artistes les plus célèbres, la plupart contemporains de Sauvage et de Rossignol; admis ensuite au Bureau académique d'écriture et honoré de sa confiance en qualité de secrétaire, c'est à lui que je dois ce que j'ai acquis dans l'art de l'écriture. Ne pouvant lui en témoigner ma reconnoissance par l'hommage d'un travail, qui est le fruit de ses conseils, je vous prie, Messieurs, de le remplacer pour moi, comme vous le remplacez d'une manière si utile pour le public. Cet hommage vous est d'autant plus dû, que c'est la réunion de la presque totalité des membres de ce corps académique, supprimé en 1793, qui donna naissance, en l'an 3, à votre Société. Veuillez donc, Messieurs, nommer une commission pour examiner mon ouvrage et pour vous en faire son rapport. S'il a votre assentiment, il ne pourra que gagner en paroissant sous de tels auspices.

J'ai l'honneur de vous saluer.

HARGER.

Paris, ce 7 Germinal an 12.

Pour copie conforme à l'original.

SOBRY, *Président.*

SAINTOMER, jeune, *Secrétaire.*

EXTRAIT du registre des délibérations de la Société libre d'Institution.

Du Jeudi 8 Germinal an 12.

LA Société, délibérant sur la demande à elle faite par M. Harger, garde de ses archives et l'un de ses anciens présidens, relativement à un ouvrage sur l'écriture, qu'il vient de terminer, composé de vingt-deux planches, dont il a remis sur le bureau deux exemplaires, nomme, pour examiner toutes les parties de cet ouvrage, M. Sobry, son président, homme de lettres et jurisconsulte ; M. Ponce, son vice-président, aussi homme de lettres et graveur pour l'histoire ; MM. Brazier, père et Buret, artistes écrivains, membres de la Société et du ci-devant Bureau académique d'écriture, lesquels sont invités à se réunir pour faire un rapport sur ledit ouvrage.

Pour extrait conforme au registre.

SAINTOMER, jeune, *Secrétaire.*

RAPPORT de la Commission chargée d'examiner le Traité d'Écriture de M. HARGER.

NOUS, Membres de la Société libre d'Institution, chargés de lui faire un rapport sur le Traité d'Écriture dont M. Harger lui a fait hommage, lequel est composé de vingt-deux planches des différens caractères usités en France, précédées de divers mémoires ou discours sur le même sujet; disons que les planches sont bien distribuées et classées comme il convient, que les traits qui les ornent, sont à la portée des élèves ; les uns sont aussi simples qu'il est possible ; les autres, quoique plus compliqués, conservent toujours une sorte de simplicité qui en facilite la copie. Ces traits et ceux des lettres capitales, majuscules et minuscules, sont la représentation des effets naturels de la plume ; ce qui doit faire distinguer cet ouvrage de nombre d'autres, dont la gravure, moins soignée, peut induire les élèves en erreur, en ce qu'ils expriment des effets de plume contraires à ceux produits naturellement. Cet ouvrage est une nouvelle preuve des talens de M. Harger ; il y a mis les principes de l'Écriture à la portée de tous ceux qui veulent ou enseigner cet art, ou s'y perfectionner. Ils sont simples, vrais, et vont d'autant plus au but, qu'ils n'exigent pas une attention pénible de l'élève ; ils lui permettent de donner à sa main l'essor dont elle a besoin. M. Harger a eu l'idée heureuse d'aider l'habitude par l'intelligence, et l'intelligence par l'habitude, en faisant entrer, dans le discours de l'exemplaire, les règles du genre de caractère dont il est le modèle. Cette utile production, où d'ailleurs l'orthographe et le style sont corrects, met le sceau à la réputation que l'auteur s'est acquise par son zèle infatigable à propager les bons principes d'un art qu'il a suivi encore plus par goût que par état.

Nous ne pouvons aussi qu'applaudir au zèle et aux talens de feu Pilot, graveur, et de M. Beaublé, fils, qui lui a succédé dans ce travail. Ces artistes ont parfaitement concouru, par le brillant et la douceur de leur burin, à la perfection de cet ouvrage. Outre que les effets de la plume y sont par-tout bien exprimés, il est des pièces, de l'un et de l'autre graveurs, où l'action de la touche originale est telle, que, sans les empreintes de la planche, on croiroit que ces pièces sont des productions de la plume la mieux exercée ; ce qui est le chef-d'œuvre de l'écriture gravée.

Quant aux mémoires ou discours qui feront partie de cet ouvrage, comme ils ont tous été lus dans des séances publiques et particulières de la Société, qu'il en est même où M. Harger n'a été que l'interprête des sentimens de la Société, ayant été chargé par elle de combattre quelques faux principes qui paroissoient s'accréditer, nous ne pouvons rien ajouter à l'opinion qu'en a la Société, qui a vu, avec plaisir, que ces ouvrages ont eu l'assentiment des autorités mêmes qui avoient approuvé les méthodes contre lesquels ils sont dirigés.

Notre avis est donc que la Société approuve cet ouvrage ; nous pensons qu'en l'adoptant elle consacrera à l'utilité publique des travaux dignes d'elle, et qu'elle remplira par-là une de ses principales obligations, celle que lui impose le titre de *Société d'Institution* qu'elle a adopté.

A Paris, le 5 Floréal an 12 (25 Avril 1804).

Signé BRAZIER, père, BURET,

PONCE et SOBRY.

Pour copie conforme à l'orignal.

SAINTOMER, jeune, *Secrétaire.*

Extrait du registre des délibérations de la Société libre d'Institution.

Séance du 6 Floréal an 12.

La Société, après avoir entendu le rapport de sa commission, chargée d'examiner le Traité d'Écriture de M. Harger, dont les vingt-deux planches qui le composent sont sur le bureau, approuve ledit rapport et arrête qu'il fera partie des pièces qui seront lues dans sa séance publique du neuf du courant, où ledit ouvrage sera exposé.

Pour extrait conforme au registre.

SAINTOMER, jeune, *Secrétaire.*

A V I S.

L'Ouvrage que j'ai l'honneur de présenter au public a été commencé en 1775 par la planche XX. Mon intention n'étoit alors que de donner quelques pièces détachées contenant les principes fondamentaux de l'écriture, afin d'en faciliter la connoissance à mes élèves. Engagé depuis à completter ce travail, j'ai éprouvé de si grands retards dans l'exécution de la gravure, par la foible santé de Pilot, qu'à son décès j'étois décidé à m'en tenir à ce qui étoit fait. Je ne m'occupois plus de l'enseignement de l'écriture, j'étois conséquemment peu encouragé à continuer cet ouvrage.

Il resta en effet plusieurs années dans le même état. M. Beaublé, fils, élève de son père, voulant soutenir la réputation d'un nom déja célèbre dans cette partie, me témoigna le désir d'achever ce travail. Ses talens que j'eus occasion de connoître lorsqu'il fut reçu membre de la Société d'Institution, et le zèle qu'il me paroissoit avoir, me portèrent à accepter son offre. Je me félicite de ce qu'il a répondu à mon attente.

Mon ouvrage se trouvant complet, par des modèles de tous les genres, mon dessein est de le rendre non-seulement utile aux élèves ; mais aussi aux instituteurs et aux pères de famille qui s'occupent de l'éducation de leurs enfans : pour cet effet, j'ai cru devoir joindre à ces modèles divers discours ou mémoires que j'ai faits sur l'écriture, et qui ont été lus dans des séances publiques de la Société d'Institution.

Le premier est une notice biographique sur les artistes écrivains qui se sont distingués dans leur état. Cette notice n'est point étrangère à l'art, puisqu'elle rappelle le souvenir de ceux à qui il doit sa perfection.

Le second, dans l'ordre des lectures qui en ont été faites, est un mémoire sur la vérification des écritures. Mon but, en l'insérant dans un ouvrage élémentaire, est de faire sentir l'importance de la vraie méthode d'enseigner à écrire ; importance d'autant plus grande que cette méthode est la seule qui joigne à l'avantage de procurer aux élèves des écritures inimitables, par la célérité et la hardiesse du mouvement qui les produit, celui de fournir aux maîtres les moyens de distinguer le faux du vrai ; la seule enfin qui les constitue experts. Les principes de la vérification des écritures, coïncident si parfaitement avec ceux de l'art d'écrire, qu'ils en sont la conséquence naturelle. Ceux de l'écriture reposent sur les agens du mouvement, sur les moyens d'exécution ; de là résultent des effets par lesquels ceux de l'art de la vérification font découvrir les causes. Par la connoissance des principes de l'écriture on va des causes aux effets, et par celle des principes de la vérification on remonte des effets aux causes.

Le troisième mémoire contient les procédés à suivre dans l'enseignement de l'écriture, pour procurer aux élèves des succès réels.

Par les quatre autres mémoires, je réfute des méthodes et des assertions fausses sur l'écriture et sur la vérification. Les développemens que j'y donne viennent à l'appui des principes contenus dans les planches servant de modèles.

Pour faire connoître plus aisément tous les principes contenus tant aux premiers mémoires qu'aux planches, j'ai joint à la suite des premiers une table alphabétique des principes et termes de l'art, avec l'indication de la page ou de la planche où il en est parlé.

PREMIER MÉMOIRE.

NOTICE BIOGRAPHIQUE SUR LES ARTISTES ÉCRIVAINS,

Lue dans la séance publique de la Société d'Institution le 20 Ventôse an 6 (10 Mars 1798).

MESSIEURS (*),

On ne connoissoit en France, il y a deux siècles, que les écritures ronde et bâtarde. La première, surnommée française, parce qu'elle prit naissance parmi nous, succéda aux caractères gothiques dont elle a conservé la direction. La seconde est surnommée italienne, parce qu'elle nous vient d'Italie. Le goût des ornemens qui dominoit, avoit introduit dans les écritures une quantité de traits tellement étrangers à ceux formant la lettre, que les plus belles productions de ce temps n'étoient pas exemptes des plus grandes difficultés pour la lecture.

Guillaume Legagneur, à la fin du seizième siècle, et Louis Beaugrand, au commencement du dix-septième, les premiers artistes écrivains que l'on peut citer depuis l'invention de l'imprimerie, fournissent la preuve de ce que j'avance. Il y a de ces instituteurs deux livres d'écriture contenant une grande quantité de modèles, où, malgré leur perfection, on a de la peine à distinguer les traits de la lettre de ceux que le goût et la liberté de la main y ont introduits. Ces ouvrages prouvent le talent de ces maîtres pour l'exécution ; mais on y voit peu d'instruction sur les moyens de l'acquérir.

Ce goût pour l'ornement des lettres étoit si général et si nuisible aux communications sociales, que le parlement crut nécessaire de provoquer la réformation de cet abus. Par un arrêt de 1632, il ordonna à la communauté des maîtres écrivains de s'en occuper. Barbedor et Lebez, célèbres artistes, furent chargés de ce travail. Il en est résulté deux alphabets de lettres, autant simples que le goût du temps pouvoit le permettre ; l'un, par Barbedor, de lettres rondes ou françaises ; l'autre, par Lebez, de lettres bâtardes ou italiennes. Après la formation et l'adoption de ces alphabets, un second arrêt intervînt qui en ordonna le dépôt au greffe, et qui fit défenses d'enseigner d'autres caractères. C'est à cette époque que l'on doit remonter pour nos écritures modernes. Barbedor est encore auteur d'un beau livre d'écriture, le premier qui parut après cette réformation.

Louis Sénault, célèbre artiste écrivain, qui s'est autant distingué par le feu de sa main, dans la belle exécution

<hr>

des caractères, que par la délicatesse et la perfection de son burin, fit des modèles d'écriture qu'il grava lui-même et qu'il dédia au grand Colbert. Ce ministre, qui, par son goût pour l'écriture, fut le créateur des belles mains, l'accueillit; l'on peut dire que, de son temps, le plus sûr moyen de tenter la fortune, étoit d'avoir une belle écriture. Cette façon de penser a si fort changé depuis, que, dans notre siècle, ceux qui ont cet avantage sont présumés avoir un brevet d'incapacité sur toutes les affaires, au point d'être pour toujours relégués dans la classe des copistes. Quelque admirable que soit l'ouvrage de Sénault, on n'y voit point d'instruction sur les moyens d'acquérir une belle écriture; tout se réduit, comme dans ceux de Legagneur, Beaugrand et Barbedor, à la présentation de beaux modèles.

Nicolas Duval et Laurent Fontaine sont les artistes les plus distingués, depuis ceux dont je viens de parler. L'ouvrage que nous avons du premier, contient non-seulement des modèles sur les écritures ronde et bâtarde; mais encore des principes sur les proportions des caractères romains majuscules. Celui du second, contient des instructions sur les belles formes et sur les moyens de les acquérir.

Jacques Raveneau et de Blégny, contemporains de ces derniers, sont auteurs d'ouvrages élémentaires sur l'écriture; mais ceux qui leur ont fait une réputation, sont des traités sur les inscriptions de faux, sur les reconnoissances d'écritures et signatures contestées, à la vérification desquelles ils étoient souvent employés dans les tribunaux. Raveneau, dans son ouvrage qui parut en 1665, traite de tous les genres de faux et des moyens de les découvrir. Parmi beaucoup d'observations puériles, il y en a de fort intéressantes sur les vrais principes de cet art. Cet auteur est le premier et presque l'unique qui les ait mises au jour; il a le mérite d'avoir jeté les premières semences du vrai savoir en cette partie. De Blégny, dans son ouvrage imprimé en 1698, ne traite que des pièces de la procédure, dont il est bon que les experts soient instruits pour rédiger leurs rapports. Le livre de Raveneau ayant été défendu à cause des moyens qu'il pouvoit donner aux faussaires, de Blégny ne voulut pas éprouver le même désagrément; il s'est borné à la partie judiciaire des vérifications.

De leur temps, est arrivé à Paris Alais, qu'un goût particulier pour l'art de l'écriture avoit fait quitter le barreau, qu'il suivoit à Rennes d'une manière distinguée. Ce jurisconsulte se livra entièrement à l'écriture, il en médita les principes, il les créa, pour ainsi dire. Ceux auxquels il donna le jour, dans un ouvrage gravé, sont si simples, si méthodiques, et d'une exécution si facile, par les procédés qu'il indique, qu'il a effacé ceux qui l'ont précédé dans la même carrière. Tous ses élèves ont été de grands artistes écrivains; leur exécution étoit d'autant plus belle, que leur maître donnoit à la main tout l'essor dont elle est capable, avant de l'occuper de la régularité des formes. Sauvage, Marlié, Michel, et nombre d'autres, qui formoient, dans le commencement

de notre siècle, la communauté des maîtres écrivains, durent leurs talens au célèbre Alais. Quoique tous les élèves de cet artiste aient mérité la réputation dont ils jouirent, on distingue, parmi eux, Sauvage, comme ayant réuni, dans un plus haut degré, la perfection des contours à la hardiesse de l'exécution, et encore comme ayant été le maître, l'instituteur de Rossignol, le plus grand artiste écrivain que l'Europe ait eu. Sauvage, et les maîtres ses contemporains, se refusèrent toujours à faire des modèles de l'écriture coulée, qui prit naissance de leur temps. Ils exécutoient, avec autant de promptitude, une bâtarde-coulée, perfectionnée par Alais, qui n'avoit point la monotonie de la nouvelle coulée, et qui étoit toujours lisible quelque mal exécutée qu'elle fût : avantage que ne leur paroissoit point avoir la nouvelle écriture, où plusieurs lettres se confondent. L'expérience n'a que trop prouvé qu'ils étoient fondés. Sauvage et Rossignol n'eurent point recours à la gravure pour multiplier leurs modèles; cependant les quais et les places publiques sont tapissés de gravures qui portent leurs noms. Elles doivent le jour à l'ignorance et à la cupidité; elles sont plus propres à détruire le bon goût, qu'à l'entretenir et à le perfectionner.

Alais, qui savoit que la célérité de l'exécution dépend de la liberté de la main, que cette liberté ne peut exister sans un mouvement combiné des doigts et du poignet, que de ce mouvement naissent tout naturellement les belles formes et les beaux contours, fit de ces principes la base de sa méthode; peu lui importoit qu'à côté d'une lettre, il s'en trouvât une autre un peu plus grande ou un peu plus petite, pourvu que les contours en fussent réguliers et la touche moëlleuse. Sauvage, en suivant les mêmes erremens, s'est néanmoins plus attaché que lui à la régularité des hauteurs et des largeurs; mais Rossignol, doué des dispositions les plus heureuses, sut allier la liberté d'Alais et de Sauvage à la parfaite exactitude des proportions; tout ce qu'a produit sa plume est marqué au coin de la plus haute perfection.

Cette grande régularité qui est dans les ouvrages de Rossignol, a peut-être été nuisible à l'art, par les fausses idées qu'elle fit naître sur les vraies beautés de l'écriture. Le moëlleux des courbes, la belle gradation des pleins, ne pouvant être sentis par tout le monde, les soins se sont portés sur l'exacte proportion des lettres, et, pour l'obtenir, on a employé des moyens inconnus à Rossignol et aux grands maîtres à qui il devoit la supériorité de ses talens. Les exercices préparatoires auxquels on s'occupoit longtemps, ont été abandonnés, ou peu pratiqués, et l'art de l'écriture est dégénéré.

Gallemant, Hénard, Paillasson, Roland, élèves de Rossignol, l'ont soutenu par des modèles d'autant plus beaux, que les artistes peuvent seuls les distinguer de ceux de Rossignol. Tous ces maîtres, qui mirent la plus grande perfection dans leurs ouvrages, excellèrent encore plus particulièrement dans d'autres genres. Gallemant, dans la coulée moderne; Hénard, dans la bâtarde; Roland, dans les passes; Paillasson, dans les traits formant tableaux. Nous n'avons de Gallemant et d'Hénard que des modèles à la main. Roland fit graver quelques morceaux de goût, dont il dirigea le burin ; mais tous les livres d'écriture qui portent les noms de ces artistes, ne doivent le jour qu'à la spéculation de certains marchands, qui font de cette partie une branche de commerce assez considérable. Paillasson est auteur de l'Art de l'Écriture, qui est dans l'Encyclopédie. Cet ouvrage, digne de rendre sa mémoire célèbre, est bien exécuté, les principes y sont clairement démontrés.

Glachant et Royllet, décédés il y a environ trente ans, s'acquirent une grande réputation dans l'écriture. Glachant, élève et ami de Rossignol, donna en 1742 un ouvrage sur l'écriture, qui est fort estimé, où, d'après les principes de son maître, il combat victorieusement ceux de Royllet. De celui-ci, il existe plusieurs traités d'écriture, qui prouvent que cet écrivain exécutoit avec une force et une précision dont il y a peu d'exemples ; mais dans un genre particulier. Ses principes ne sont point ceux des autres maîtres dont je viens de vous entretenir ; ils ont moins de partisans que de contempteurs.

Dautrepe, membre de cette Société, qui vient de descendre au tombeau à l'âge de quatre-vingt-quatre ans, est celui des grands artistes modernes qui mit le plus de méthode dans l'enseignement de l'écriture, considérée sous le rapport de son utilité. Élève de Michel, qui l'étoit d'Alais, il forma une grande quantité de belles mains : il y a peu de bureau où il n'y ait de ses élèves. On a de cet artiste divers ouvrages sur l'écriture, sur la vérification et sur les calculs. Son livre d'écriture est un des meilleurs que notre siècle ait produit. C'est à cet écrivain que l'on doit la distinction des principes de l'art, de ceux de l'écriture, qu'avant lui on confondoit. Cette distinction rendra toujours son ouvrage précieux aux yeux des vrais connoisseurs, à ceux qui, sachant apprécier le but, la fin de l'écriture, prennent un véritable intérêt à son exécution.

Voilà, Messieurs, quels ont été les progrès de l'art de l'écriture parmi nous, et ce que nous devons à la mémoire des artistes recommandables qui nous les ont procurés. En marchant sur leurs traces, nous prenons l'engagement de transmettre leurs principes à nos neveux dans toute leur pureté, et, s'il est possible, avec les perfectionnemens que nous osons nous promettre d'un travail soutenu, et d'un zèle que rien ne peut ralentir.

MÉMOIRE

SUR LA VÉRIFICATION DES ÉCRITURES.

Lu dans la séance publique de la Société libre d'Institution le 20 Prairial an 6 (8 Juin 1798).

MESSIEURS,

Sans entrer dans le détail des avantages qu'on retire de l'écriture, de cet art dont l'essence est de fixer l'action fugitive de la pensée, je dirai, pour en venir au sujet que je vais traiter, que l'écriture met le sceau à nos volontés, que c'est par elle que les hommes font exécuter les leurs, même après le terme de leur existence. Par ce service que nous rend l'écriture, on conçoit que le don précieux qui nous en est fait deviendroit une source de maux, si les caractères qui entrent dans sa composition n'étoient pas dépendans du génie et des facultés de celui qui les trace. Eh ! que deviendroit en effet la société, si l'écriture, qui préside à tous les traités, à toutes les conventions ; si l'écriture, qui en garantit l'exécution, ne joignoit pas au merveilleux de sa combinaison, ce qui est mille fois plus merveilleux encore ; cette multitude infinie de modifications dans la forme et dans l'assemblage de ses caractères : si ces modifications, qui donnent aux caractères que chaque main trace, des signes distinctifs résultans de la contexture des organes, n'étoient pas indépendantes de la volonté de l'écrivain : si enfin l'imitation des écritures pouvoit être faite sans qu'il y eut aucun moyen pour la reconnoître ? C'est alors que la veuve et l'orphelin arrosant leur pain de leurs larmes, en pensant à la perte qu'ils ont faite, se verroient sans ressource pour défendre leur patrimoine contre les entreprises des faussaires ; c'est alors que l'honnête artisan, le père de famille verroit sa postérité privée du fruit de ses veilles, par l'effet de faux titres qu'on lui opposeroit. Par la ressemblance des caractères, ou par la possibilité de leur imitation, aucune fortune ne seroit assurée, le bien le mieux acquis deviendroit la propriété de l'intrigant qui le convoiteroit. Il étoit donc nécessaire, Messieurs, que l'écriture fut aussi diversifiée, dans chaque individu, que le sont les traits du visage ; que cette diversité fut l'effet naturel de la contexture des organes du mouvement ; qu'enfin l'écriture ne pût être imitée sans laisser des signes de cette imitation. C'est dans la connoissance de ces signes qu'est l'art de vérifier les écritures.

Cet art ne consiste pas, comme beaucoup de gens le croyent, dans la comparaison des caractères pour en calculer les ressemblances et les dissemblances, et en inférer l'unité ou la diversité d'auteurs. Si les choses étoient ainsi, la vérification seroit d'autant plus dangereuse que le faux, qui est la copie du vrai, doit lui ressembler ; par de pareils rapprochemens l'expert prendroit souvent pour être d'une même main ce qui auroit été imité par une autre, car la somme des ressemblances, dans des caractères imités, est souvent plus grande que dans des écritures naturelles faites au courant de la plume ; mais ce n'est pas de cette manière que se conduit l'expert, vraiment artiste. Comme il sait que les ressemblances, dans la forme des lettres, sont faciles à obtenir, il ne s'arrête qu'à celles qu'il juge provenir des mêmes causes, le mouvement est sa pierre de touche, aussi arrive - t - il fréquemment que des signatures, en apparence très - semblables dans leurs contours, que les personnes qui ignorent les effets du mouvement, ceux de l'action plus ou moins forte de chacun de nos organes, croyent être d'une même main, sont, par l'expert, classées différemment ; tandis qu'il admet au même rang d'autres signatures qui offrent des différences que l'on pourroit croire essentielles. Un expert intelligent, qui a approfondi son art, qui, dans l'examen qu'il fait, remonte toujours des effets aux causes, est donc un homme très-nécessaire à la société. Eh ! quel service ne lui rend-il pas s'il exerce son état avec la probité, l'impartialité qu'il exige ; si, inaccessible aux préventions dont on chercheroit à l'entourer, il ne juge que par ses yeux ; si, n'écoutant que sa conscience, il profite de tous les moyens que l'art lui offre pour faire triompher la vérité ? Oui, Messieurs, ce service est d'une importance si majeure, que l'on ne peut réfléchir sans effroi aux dangers où nous sommes tous les jours exposés par le pernicieux talent du faussaire. Il est des précautions que l'on peut prendre pour se garantir des voleurs, même des assassins, il n'en est aucune qui puisse mettre à l'abri du faux. Les hommes de ténèbres qui s'en occupent opèrent dans le secret ; au moment où nous y pensons le moins, nous sommes l'objet de leurs criminelles occupations, dont nous serions les victimes sans l'art de vérifier les écritures.

Pour tranquilliser les esprits sur les résultats de cet art, j'observe que si l'écriture n'étoit composée que de parties droites isolées entr'elles, si, réunissant même des parties courbes, les caractères étoient tracés par les procédés que l'on employe pour ceux que l'on nomme *Romains*, quand ceux-ci sont exécutés à la plume, il n'y a pas de doute que la vérification des écritures ne présentât des dangers, par la facilité de l'imitation. On pourroit lui opposer la conséquence du syllogisme suivant : *tout dessin peut être imité ; l'écriture est un dessin ; donc l'écriture peut être imitée.* Personne, effectivement, ne pourroit répondre à cet argument qui seroit victorieux, si les caractères étoient tels que je viens de le dire ; parce qu'alors l'écriture n'étant qu'un dessin exécuté avec réflexion, ce qu'un individu auroit fait, un autre pourroit le faire. L'incertitude que l'on reproche à l'art de vérifier auroit une juste application.

Mais si l'écriture est un dessin, il faut examiner comment s'opère ce dessin avant de décider si l'écriture est vraiment imitable. En convenant que l'écriture est un dessin, je nie qu'elle ne soit qu'un dessin. Elle est un dessin, en ce que toutes ses parties ont des proportions que le goût et l'usage lui ont données ; je nie qu'elle ne soit qu'un dessin, en ce qu'elle est une production naturelle qui s'exécute au courant de la plume, par des mains diversement organisées. Comme dessin, elle seroit imitable, vu que le propre d'un dessin est d'être fait à petits coups et à diverses reprises, ainsi que se tracent les caractères romains dont j'ai parlé. Comme production naturelle, les choses sont bien différentes. L'écriture ne dépend plus de la volonté de celui qui la trace. Des organes durs et roides ne peuvent donner aux caractères qu'ils produisent, le souple, le moëlleux qui appartiennent à des organes flexibles. L'écriture a ses agens comme la parole a les siens. Les diverses conformations de ceux de la parole sont les causes des modifications à l'infini qui se trouvent dans le son de la voix, et qui sont telles qu'une oreille fine distingue toujours, par le seul son de la parole, un individu d'un autre. Par l'étude des principes d'une langue on parvient à la prononcer correctement ; mais chacun apportant à cette prononciation ses facultés particulières, l'articulation est, dans chaque individu, ou plus ou moins nette, ou plus ou moins gutturale, ou plus ou moins sifflante. Il en est de même de l'écriture, le fait, quoique moins frappant aux yeux de la multitude, est aussi constant.

Les agens principaux et secondaires de l'écriture, diversement organisés et différemment posés, agissant plus ou moins dans la configuration des caractères, l'action dominante ou foible de chacun produit des effts différens. On peut, par le travail, acquérir une belle écriture ; mais le temps nécessaire pour y parvenir et le degré de perfection sont toujours en raison des dispositions naturelles. Viennent ensuite les habitudes que chacun contracte à raison de ces mêmes dispositions et des moyens qu'il a employés : habitudes sur lesquelles personne ne réfléchit, que l'on pratique sans les connoître, excepté celui qui, par état, est obligé de méditer sur tous les effets pour en savoir les causes. Or dans des caractères formés de parties droites et de parties courbes, assemblées rapidement par des traits secondaires qu'on nomme liaisons, on sent que ces habitudes doivent être infiniment diversifiées. Quoiqu'il y ait peu de formes différentes, que chaque lettre n'en présente que deux à trois, la même configuration employée par diverses mains est toujours relative à la manière d'être de chacune, à sa position, aux facilités ou aux difficultés qu'elle éprouve, enfin aux habitudes qu'elle a contractées, qui sont identifiées avec elle-même, au point que c'est le cas de dire ce qui est passé en proverbe : *l'habitude est une seconde nature.*

L'écriture étant, comme on le voit, dépendante de la contexture de nos organes, si quelqu'un cherche à imiter celle d'une main étrangère, ses procédés, pour y parvenir, ne seront pas ceux naturels à cette main.

L'imitateur ne connoît point les facultés de celui dont il imite les productions, et quand il les connoîtroit, il ne pourroit y conformer les siennes, aussi ses soins ne vont-ils jamais jusques-là. Soit à l'œil, soit par la superposition, il cherche la ressemblance des formes, il tâche de donner à ses lettres les mêmes contours; mais quelque parfaite que soit son imitation, elle pèche dans ce qui est essentiel, dans ce qui dépend de la nature des organes. Sa production est, à l'égard de celle qu'il a imitée, dans le même rapport que celui qui se trouveroit entre deux hommes dont les traits du visage seroient, si le fait étoit possible, exactement les mêmes ; mais dont l'un seroit mort et l'autre dans la meilleure santé. Cet air de vie qui se trouveroit dans l'écriture tracée au courant de la plume, par une main que l'habitude plus que la réflexion auroit conduite, ne se verroit pas dans l'écriture falsifiée ; celle-ci seroit dénuée de ce tact, de ce toucher qui fait l'essence de l'écriture.

Ah ! pourquoi douteroit-on de cette différence dans l'écriture, lorsqu'on la reconnoît dans la peinture ? Ne convient-on pas que l'artiste peintre sait distinguer une copie de son original, par les traits du génie qui sont libres dans celui-ci et asservis dans l'autre. Or si la peinture, qui exige beaucoup plus de réflexions que l'écriture, aux productions de laquelle on peut retoucher, et auxquelles on retouche en effet pour les conduire à leur perfection, renferme des distinctions que l'artiste saisit, est-il difficile de croire que l'écriture, qui ne souffre point de retouches, ne fournisse encore plus de moyens aux artistes en ce genre, pour distinguer une écriture imitée, d'une écriture naturelle ?

Que l'on ne dise donc plus qu'une personne ne signant pas toujours de même, on ne peut distinguer sa vraie signature de celle qui a été falsifiée ; puisque celle-ci, quelque bien imitée qu'elle paroisse, ne sera toujours qu'une copie pour laquelle la main aura été asservie à des mouvemens, qui ne sont pas ceux employés pour l'original. Qu'on ne dise pas non plus que parce que des signatures d'une même main, faites en différens

temps et avec diverses plumes pourront paroître différentes, elles seront déclarées fausses par les experts ; puisque celles-ci contiendront toujours un même fonds radical dans les caractères, c'est-à-dire, les mêmes habitudes individuelles, non dans l'emploi de telle ou telle forme de lettres; mais dans tous les accessoires, dans des choses qui ne sont pas même connues de ceux qui les possèdent, qui ne peuvent être prévues par les faussaires , et qui sont trop importantes pour être négligées par les experts, à qui rien n'est minutieux quand il s'agit de découvrir la vérité.

D'après cet exposé je me résume en disant que la vérification des écritures est un art d'une indispensable nécessité ; qu'il renferme les moyens de distinguer le faux du vrai ; que s'il est par nature conjectural, ses conjectures sont appuyées sur des bases propres à garantir de l'erreur; que s'il y a des exemples du contraire, on doit imputer ces fautes aux experts et non à l'art ; qu'on les éviteroit à l'avenir, si ceux qui s'y destinent, ne se présentoient pour l'exercer, qu'après avoir médité long-temps sur l'organisation des mains confiées à leurs soins, et sur les effets qui en résultent. Le véritable expert est moins celui qui trace les caractères avec perfection, que celui qui sait donner à ses élèves les moyens d'exécution. Ceux qui, dans l'enseignement de l'écriture, se bornent aux principes qui ne sont relatifs qu'à la forme des lettres, ne font que des mains serviles, dont les productions peuvent être plus facilement imitées, et ils n'acquièrent pour eux, par cette manière d'enseigner, aucune des connoissances propres à l'expertise. C'est donc de l'enseignement de l'écriture en artiste, que dépend la tranquillité des familles; puisque, par cet enseignement, l'élève se garantit de l'imitation de son écriture, et l'instituteur s'arme, pour le cas où on la tenteroit, des moyens de la reconnoître. C'est, Messieurs, sous ce double rapport que je me propose de donner des règles sur l'enseignement de l'écriture, qui, loin d'être étrangères à l'art de vérifier les caractères, contribueront à son perfectionnement.

MÉMOIRE

SUR L'ENSEIGNEMENT DE L'ÉCRITURE.

Lu dans la séance publique de la Société d'Institution le 6 Brumaire an 7 (7 Octobre 1798).

Messieurs,

Le titre que la Société a adopté, lui imposant l'obligation de s'occuper de toutes les parties de l'instruction, ses travaux doivent avoir spécialement pour objet ceux qui se livrent à l'enseignement. C'est en se rendant utile aux instituteurs que la Société pourra contribuer au bonheur de la République, dont les espérances reposent sur la génération future. Comme les instituteurs doivent posséder au degré nécessaire à leurs fonctions les arts et les sciences qu'ils enseignent, il ne s'agit pas d'entrer pour eux dans les détails des premiers principes, ce seroit leur faire injure ; mais l'art d'enseigner et la belle exécution n'étant pas toujours réunis dans les mêmes individus, c'est aux méthodes qui peuvent procurer cette réunion que la Société doit s'attacher. Je vais en proposer une pour l'enseignement de l'écriture, qui s'accorde avec ce que prescrivoient les grands maîtres, et qui pourroit, si elle étoit plus universellement pratiquée, faire revivre parmi nous ces belles écritures de consommation, qui ont été si communes pour toutes les affaires, et qui sont remplacées aujourd'hui par des écritures gênées, souvent illisibles. Une méthode qui faciliteroit l'enseignement de l'écriture aux personnes de toutes les classes, de toutes les professions, qui les mettroit à même d'acquérir, en peu de tems, l'écriture qui leur convient, seroit d'autant plus nécessaire que, sans l'écriture, les autres connoissances ne peuvent être possédées que très-imparfaitement. Cependant, de cette nécessité de savoir écrire, il ne s'ensuit pas que tous doivent y exceller : on distingue dans les mêmes caractères trois nuances, que l'on qualifie ainsi : *Ecriture peinte, ou l'art de l'Ecriture*; *Ecriture pratique*, *Ecriture cursive et usuelle*. La première, qui demande des dispositions particulières et un travail de plusieurs années, ne convient qu'aux artistes écrivains. La seconde est celle que l'on devroit voir dans tous les bureaux et dans toutes les études des notaires ; sa beauté consiste plus dans la hardiesse des traits, dans la vivacité et la continuité du mouvement, que dans la parfaite régularité des formes. La troisième est celle nécessaire pour tous les états. Le mérite de celle-ci est d'être libre et lisible. A quelque classe de la société qu'on appartienne, il faut posséder une de ces trois écritures. Si la moindre, *l'usuelle*, qui embrasse toutes les professions, n'a pas les qualités qui lui conviennent, elle ne mérite plus le titre d'écriture, c'est un griffonnage grossier qui est non-seulement inutile, mais même souvent dangereux pour celui qui le possède.

C'est l'enseignement de l'écriture sous ces trois rapports qui va faire le sujet de ce Mémoire.

Quoique la marche des maîtres d'écriture doive être la même à peu de chose près, il est de fait que beaucoup donnent tous leurs soins aux principes des lettres, et peu aux principes de l'art : c'est l'abus que je vais combattre.

On entend par principes des lettres, leur hauteur, leur largeur, leur pente ; l'étendue plus ou moins grande des têtes et des queues ; la distance que l'on doit donner entre deux lettres, quand elles sont l'une et l'autre formées de parties droites, ou l'une de parties droites et l'autre de parties courbes, ou enfin toutes deux de parties courbes.

On entend par principes de l'art, la tenue de la plume et ses effets, la position de la main, celle de l'avant-bras, leur dégagement, le mouvement simple des doigts, celui mixte des doigts, du poignet et de l'avant-bras ; enfin la position du corps, et généralement tout ce qui peut procurer à l'écolier un mouvement libre et méthodique.

L'écrivain n'ayant point, comme le peintre, la nature pour modèle, les principes des lettres ne sont que conventionnels. Il n'en est pas de même des principes de l'art. Ceux-ci sont fondamentaux ; ils tiennent si fort à la nature des choses que, sans ces principes, il n'est pas possible d'écrire régulièrement et aisément.

Les maîtres d'écriture, ceux mêmes qui excellent le plus dans l'exécution, ne pourroient faire de bons élèves sans une parfaite connoissance des principes de l'art. Avec la belle exécution il leur faut une théorie capable de les instruire du pourquoi des choses. Sans cette théorie, qui fait juger des causes par les effets, que pourroient dire ces maîtres à leurs élèves ? ce que la plus grande partie d'entr'eux disent continuellement. Ils les reprennent sur la forme des lettres, sur leur distance entr'elles, sur la pente qu'ils trouvent trop oblique ou trop verticale ; et, autant pour faire montre de savoir que pour relever l'art de l'écriture, ils en dissèquent les parties, ils n'omettent aucun des termes scientifiques analogue à l'écriture ; ils en imagineroient même volontiers pour acquérir l'estime des parens, dont beaucoup attachent le mérite de l'enseignement à cette démonstration. Quel est le résultat de ce procédé ? le voici, il ne peut y en avoir d'autre. L'écolier à qui l'on montre à écrire par la seule imitation des lettres, à qui l'on ne parle que peu ou point des moyens de faire, ne s'attache qu'à cette imitation, peu importe comment il l'obtient, s'il y réussit il est content. La liberté de la main n'étant entrée pour rien dans l'étude qu'il a faite ; *il peint, mais il n'écrit point ;* et lorsque lui et ses parens sont satisfaits de son écriture, qu'il est placé ensuite dans le commerce ou dans un bureau, ou enfin qu'il se livre à des occupations quelconques, qui exigent de la célérité dans l'écriture, plus il travaille, plus il déforme la sienne, en sorte qu'après avoir bien écrit dans sa jeunesse, il n'est plus lisible dans la force de l'âge : c'est ce qu'on voit tous les jours. De tous ceux qui écrivent mal, dont l'écriture a besoin d'être étudiée pour la déchiffrer, il en est peu qui n'aient point appris à écrire dans leur jeunesse ; beaucoup même avouent qu'ils ont bien écrit. A quoi donc attribuer ce changement, s'il ne venoit pas du défaut de liberté ?

L'élève, au contraire, à qui l'on n'a parlé des proportions des lettres qu'indirectement sans l'y asservir trop, et seulement après avoir disposé sa main par des exercices préparatoires ; celui à qui l'on a dit comment la plume devoit être tenue ; qui sait quand et comment les deux doigts de dessous doivent glisser sur la droite pour opérer le dégagement de la main ; comment doivent se mouvoir le poignet et l'avant-bras ; l'élève enfin qui a été retenu à la pratique de toutes ces choses en traçant des figures qui, par elles-mêmes, ne méritent pas une grande attention, pour la laisser toute entière à la pratique de ces mouvemens, obtient, dans un même espace de tems, une écriture moins belle en apparence que celui qui a été enseigné par l'imitation des lettres ; mais aussi sa main étant exercée à la pratique de *tous* les mouvemens, s'il a besoin de se livrer à des occupations qui exigent d'écrire beaucoup et en peu de temps, plus il travaille, plus son écriture acquiert de la perfection. Est-il dans la nécessité d'écrire debout, sur le coin d'une cheminée ou sur ses genoux, son écriture est toujours lisible. Il faut donc convenir, d'après ces différens résultats, que la vraie manière d'enseigner à écrire, celle que *tous* les maîtres doivent s'empresser d'adopter, est cette dernière. Elle consiste dans les procédés suivans.

Les premiers soins du maître portent sur la tenue de la plume, sur la position de la main, sur celle de l'avant-bras et sur celle du corps. Comme il y a deux mouvemens, le simple et le mixte, que l'on nomme encore petit et grand mouvemens, les premières figures que l'on fait tracer sont des carrés composés de deux pleins et de deux déliés, formés du petit mouvement, celui des doigts, qui est le mouvement simple. Les déliés se tracent du transport de la main de droite à gauche, et de gauche à droite ; les pleins s'exécutent du *plier* et du *déplier* des doigts. Après les carrés, on fait faire des lignes spirales et mixtes, pour donner aux doigts la flexibilité dont ils ont besoin. Quand l'écolier commence à pratiquer ce mouvement avec assez de liberté, on lui fait tracer les mêmes figures avec la plume à deux becs. Rien n'est plus utile que cet exercice pour donner connoissance des effets de la plume. Il l'emporte de beaucoup sur celui de la plume pleine, en ce que cette plume où sont deux becs, l'un du côté du pouce, l'autre du côté des doigts, fait distinguer aisément, dans les pleins naissans et finissans, les déliés formés par les deux becs réunis sur une seule ligne, de ceux qui ne sont produits que par l'angle de la plume du côté du pouce. Nos grands maîtres, Allais, Sauvage, Rossignol, Michel et autres, qui, par leurs travaux, ont rendu l'écriture en France supérieure à celle des autres nations de l'Europe, en faisoient un fréquent usage ; leurs élèves travailloient presqu'autant avec cette plume qu'avec la plume pleine, jusqu'à ce qu'ils fussent familiers avec ses effets.

En voyant les productions de l'écolier, on ne les soumet point à une minutieuse observation des formes ; les figures qui paroissent les meilleures sous ce rapport, sont celles que l'on rejette si l'on s'apperçoit qu'elles sont tracées avec gêne. Comme il est impossible que l'écolier acquiert en même temps et la liberté et la forme, on s'en tient dans les commencemens à la première, et, en lui recommandant l'application, on veille à ce qu'elle ne porte trop sur la seconde. L'exercice et le temps doivent procurer celle-ci, tout soin pour l'obtenir seroit alors prématuré et nuiroit à la liberté, sans laquelle l'écriture ne remplit que très-imparfaitement l'objet de sa destination.

Après avoir tenu l'écolier à ces exercices pendant le temps nécessaire pour lui donner la connoissance des effets de la plume et la pratique des différens mouve-

mens, on passe aux lettres mineures. On doit sentir que la main exercée aux divers mouvemens, se prête aisément aux contours des lettres, et comme elles dérivent toutes les unes des autres, on préfère de commencer par les deux radicales, qui sont l'*i* et l'*o*. Toutes les autres se partagent en trois classes, les unes, formées de parties droites, dérivent de l'*i* ; d'autres, formées de parties courbes, dérivent de l'*o* ; les troisièmes, composées de parties droites et de parties courbes, se forment des deux. Pour conserver et augmenter la flexibilité dont les doigts ont besoin, on fait faire des lignes entières d'*j* consonnes et des *l* jointes ensemble, afin d'accoutumer les doigts à passer aisément du plier nécessaire, pour produire la queue de la première, au déplier propre, pour former la tête de la seconde, et l'on a soin de prévenir l'écolier qu'il ne doit ni hausser ni baisser le poignet pour tracer ces têtes et ces queues ; les doigts seuls doivent agir. Par rapport aux effets de la plume qui, avec le mouvement, sont les seules choses jusqu'à présent à observer dans les caractères, il faut toujours remonter au carré, qui en est le principe, en faire adoucir les angles pour la lettre que l'on veut former. Si l'élève, pour acquérir cette forme, se gêne trop, ce que l'on reconnoît par la brisure des pleins naissans et finissans, ou par l'épaisseur trop considérable du plein parfait, on lui rappelle les principes de l'art concernant la tenue de la plume, laquelle ne doit pas être plus serrée dans les doigts que ne l'est un verre quand on veut boire. Pour obtenir le dégagement de la main, sans lequel on ne peut écrire librement, on fait faire des lignes entières d'*m* et d'*n* sans quitter que pour reprendre de l'encre. Si ces *m* et *n* sont du genre de bâtarde, le dégagement s'exécute lorsque l'on est à la base des premiers jambages ; si elles sont du genre de ronde, le dégagement a lieu à la sommité de chaque jambage. Quant au choix de ces deux écritures, il n'est pas absolument important. La ronde, à cause de la ligne perpendiculaire, qui en fait l'essence, est plus propre à donner de la flexibilité au pouce ; la bâtarde ; à cause de la plus grande étendue des lignes, en donne davantage aux doigts ; conséquemment l'une et l'autre peuvent être également utiles. Cependant la ronde est préférable pour les écoliers qui ont déjà écrit sans principes, à qui il faut ôter de mauvaises habitudes dans la configuration des caractères.

Lorsque l'écolier a acquis, sans aucune contrainte, une forme de lettres à-peu-près convenable, on les lui fait assembler par syllabes, que l'on distribue de manière à lui faire pratiquer tous les assemblages possibles ; d'abord plusieurs figures formées de la ligne droite, ensuite celles qui dérivent de la ligne courbe, et successivement réunir celles dérivées de la ligne droite avec celles dérivées de la ligne courbe. C'est alors que l'on commence à parler des principes conventionnels de l'écriture ; mais toujours subordonnémens à ceux de l'art ; car ils ne doivent agir concurremment avec ceux-ci, que lorsque la main a acquis le degré de liberté et de force nécessaire pour ne pas craindre qu'ils ne la précipitent dans cet état de foiblesse ou de dureté, dont on ne voit que trop d'exemples.

À l'égard des lignes horizontales que des maîtres sont dans l'usage de tirer pour accoutumer l'écolier à écrire droit, je sais que l'on est prévenu contre cette méthode ; l'on pense que lorsqu'on est habitué à ces lignes on ne peut parvenir à écrire droit. Ce préjugé est, d'après l'expérience que j'en ai faite, très-faux. Cette opinion ne seroit fondée que dans le cas où, au moyen de ces lignes, on ne feroit pas attention à la position du corps, à celle de l'avant-bras, au dégagement de la main ; car si l'on fait pratiquer à l'écolier les positions requises, ces lignes ne peuvent que l'amener plus promptement au degré d'alignement nécessaire à la belle écriture ; tout le danger qui pourroit en résulter seroit celui du trop grand asservissement de la main ; mais il y a un moyen de l'éviter ; c'est de ne pas obliger l'écolier à suivre d'abord ces lignes avec une parfaite exactitude ; c'est de lui parler sans cesse du *plier* et du *déplier* des doigts ; avec ce soin, le mouvement des doigts se régularise et empêche de sortir des lignes tracées, que la position du corps et de l'avant-bras y réponde, alors en peu de temps l'écolier écrit droit. Un autre avantage qui résulte de l'usage de ces lignes, c'est que, par leur moyen, l'élève saisit avec plus de justesse le point où doivent commencer les courbes ; de sorte que petit à petit, sans trop lui parler des règles, il parvient à les pratiquer presque de lui-même.

Lorsque l'élève est parvenu à tracer proprement et aisément les lettres minuscules, on le fait passer aux figures dont l'exécution exige le mouvement mixte ou grand mouvement ; c'est-à-dire, ceux réunis des doigts, du poignet et de l'avant-bras. Le mouvement mixte est nécessaire pour exécuter les lettres capitales, quelques lettres majuscules et les traits. En le faisant pratiquer aux élèves qui veulent faire leur état de l'écriture, on leur prescrit toujours les exercices du mouvement simple, lesquels suffisent à ceux qui n'apprennent à écrire que pour leur usage. Ces exercices doivent toujours faire partie du travail des élèves de l'un et de l'autre classes, pendant tout le *temps* qu'ils apprennent à écrire.

Voilà, Messieurs, la vraie et unique méthode d'enseigner l'écriture avec fruit. Elle est susceptible de différentes modifications, d'après les dispositions particulières des élèves, en égard au plus et au moins d'attention qu'ils apportent à l'étude de l'écriture ; c'est à l'instituteur intelligent à y suppléer. Son premier devoir est de chercher à connoître les qualités physiques et morales de ses élèves, pour régler ses leçons en conséquence. On ne peut donner ici que des principes généraux, ceux que je viens d'indiquer tendent tous à donner la préférence aux principes de l'art sur ceux de l'écriture. Les instituteurs doivent se pénétrer de cette nécessité, et quelque soit leur marche, s'ils ont cet objet en vue, ils réussiront. Il faut aussi qu'ils aient le courage de résister aux volontés des parens. Il y en a qui sont assez peu instruits pour croire que le temps employé aux exercices est plus utile aux maîtres qu'aux élèves. Pour combattre cette opinion, autant nuisible aux progrès de l'art qu'injurieuse aux artistes zélés, je vais terminer ce mémoire par une réflexion de Pluche, homme accoutumé à réfléchir sur les progrès et les effets de la nature, qui, n'ayant jamais enseigné à écrire, ne pouvoit avoir d'autre intérêt, en la mettant au jour, que celui d'être utile à ses concitoyens. Voici comment il s'explique dans son ouvrage intitulé : Spectacle de la Nature, tome 7, page 187.

« L'art d'écrire, dit-il, se réduit à des principes dont » chacun est capable. Au lieu de débuter par apprendre » à former les différens caractères, soit de l'ancienne » écriture ronde, soit de la moderne ou italienne, soit » de la coulée, *ce qui est d'un succès très-incertain* ; il » y a une voie plus courte et généralement plus sûre, » pour quelque écriture que ce soit, qui est d'exercer » sa main plusieurs mois de suite aux trois traits qui » sont les élémens de tous les caractères imaginables. » Ces traits sont le plein, le délié et le mixte. La chose » se conçoit d'un moment à l'autre ; quant à l'exécution, » elle peut être brillante ou supportable. L'exécution » brillante provient d'une disposition heureuse et d'une » grande flexibilité dans les articulations des doigts. La » réussite passable et infaillible dépend de la tenue et de » la taille de la plume, dont ces traits élémentaires sont » les effets. Dès que le poignet et les doigts sont façonnés » à ce léger exercice, tout est fait. Après deux ou trois » mois, souvent après moins de temps, et sans avoir » jusques-là formé aucunes lettres, on est agréablement » surpris de voir la main se prêter tout d'un coup à tous » les caractères qu'on voudra lui demander ; parce que » tous sont composés des trois traits qu'elle s'est rendu » familiers. »

La méthode que je viens de donner n'étant que le développement des réflexions de Pluche, elle a l'assentiment de cet auteur, et doit avoir celui de tous ceux que le bien public anime. Les parens, pour le peu qu'ils réfléchissent, sentiront aisément que lorsque la main est exercée à tous les mouvemens, elle ne peut plus éprouver aucune difficulté pour la formation de la lettre ; et il y a lieu de croire que leur propre intérêt les portera à consentir à la pratique d'une méthode dont leurs enfans retireront tout le fruit.

MÉMOIRE

Sur les inconvéniens résultant de l'usage des régulateurs dans l'enseignement de l'écriture, proposés et rejettés à différentes époques, et reproduits par M. Brun.

Lu dans la séance publique de la Société libre d'Institution le 26 Frimaire an 8 (17 Décembre 1799).

Messieurs,

L'Art de l'Écriture, dont je vais avoir l'honneur de vous entretenir, est d'une nécessité si universellement reconnue, que ce seroit paroître douter des avantages qu'il nous procure, si j'entreprenois de les analyser. Mais si cet art est le lien de la société, l'ame du commerce, l'échelle avec laquelle on parvient aux hautes sciences, ne doit-on pas être étonné en voyant qu'il n'est aucunement question de l'écriture dans les plans adoptés pour la régénération de l'instruction publique ? L'écriture, considérée seulement comme une suite des premières instructions de l'enfance, est abandonnée aux soins des instituteurs des écoles primaires, dont le plus grand nombre ignore jusqu'aux premiers élémens de cet art. On pousse l'indifférence à son égard jusqu'à écarter du jury, chargé de l'examen de ces instituteurs, les artistes écrivains, qui seuls pourroient apprécier leurs talens ou leur impéritie en ce genre. On y voit des savans, des artistes, des mathématiciens, des hommes d'un mérite distingué; mais qui ne connoissent l'écriture que par l'usage qu'ils en font. C'est avec des connoissances communes à tous ceux qui écrivent, qu'ils sont chargés de juger des productions de l'art de l'écriture, et du mérite de ceux qui se proposent pour l'enseigner. N'envisageant l'écriture que sous le rapport de son utilité, cette perfection que les artistes admirent, qui fait naître en eux l'enthousiasme de l'art, ne peut être sentie par un jury étranger aux beautés de cet art, qui ignore les moyens que l'on doit employer pour les obtenir ; de là naît cette foule d'instituteurs peu propres à propager ces moyens.

Les savans qui, par leur influence, pourroient ramener la nation à accorder à l'écriture la considération qu'elle mérite, semblent autoriser le contraire. Ils cherchent à tout approfondir, excepté l'art calligraphique, qu'ils négligent au point de ne pouvoir tracer lisiblement les productions de leur génie ; aussi, sous ce rapport, leur correspondance avec les savans étrangers est - elle au désavantage de la nation française.

C'est par une suite de cette façon de penser, si diamétralement opposée aux progrès de l'écriture, que nous avons vu approuver la prétendue invention de M. Brun, ancien professeur des sciences et belles-lettres. A l'aide de cette invention, qui n'est pas nouvelle,

quoiqu'en dise l'auteur, et qui consiste dans des lettres gravées en creux sur une planche de métal pour les faire suivre à l'élève avec un style taillé comme une plume; à l'aide, dis-je, de ce procédé, on assure qu'en bien moins de temps que par l'ancienne méthode, on parviendra à donner aux enfans une écriture régulière, tracée avec aisance et fermeté. L'expérience en a, dit-on, été faite par des commissaires nommés par l'administration centrale du département de la Seine, pris dans l'administration même, dans l'institut national et dans le jury d'instruction publique. Des sociétés savantes auxquelles M. Brun a présenté sa découverte, ont applaudi au rapport des commissaires, tout, par conséquent, semble inspirer la plus grande confiance dans cette méthode, et il pourra paroître téméraire de ma part de chercher à la déprimer ; mais comme du choc des opinions naît la lumière, je suis persuadé que ceux dont je vais combattre le sentiment, ne verront en moi qu'un zèle dégagé de toute espèce d'intérêt particulier ; qu'ils sentiront que, sans vouloir les rivaliser dans les arts et les sciences qu'ils possèdent, et sur lesquels je leur rends la justice qu'ils méritent, je peux entreprendre de les mettre à leur véritable place, touchant l'art calligraphique.

Avant de m'occuper de la réfutation de cette méthode, je dois dire qu'une semblable a été mise en avant par Royllet, célèbre artiste écrivain, décédé il y a plus de trente ans. La superbe exécution de cet écrivain lui auroit procuré une réputation plus solide, plus universelle, s'il n'eut pas mis son ambition à se distinguer par des procédés et des principes particuliers. C'est son goût pour les nouveautés qui l'a porté à faire cet essai, moins pour faire obtenir à ses élèves la forme des lettres, que pour les accoutumer à les tracer de la situation à face de la plume, qu'il avoit adoptée pour la bâtarde, et qu'il soutenoit être la vraie situation propre à cette écriture, malgré ce qu'en avoient dit et écrit nos grands maîtres, Alais, Sauvage, Rossignol. Royllet n'a fait l'essai de cette méthode que sur des cartons où les caractères étoient imprimés en creux ; mais un autre citoyen ayant eu la même idée que M. Brun, les a fait graver comme lui sur des planches de métal. Cet auteur (M. Capitaine) a présenté son plan au directoire exécutif le 26 Floréal dernier, et à cette société le 16 Fructidor suivant. Nous

ignorons comment sa méthode fut reçue par le directoire ; mais cette société, qui se fera toujours un devoir
d'accueillir tout ce qui peut être utile à l'instruction, ne
pouvoit, étant composée, en grande partie, d'artistes
écrivains, approuver une méthode dont l'exécution est
dangereuse. Par égard pour ce citoyen, qui crut s'occuper d'une chose utile, et pour rendre justice à son
zèle, à sa louable intention, elle ne prit aucun arrêté
contre sa méthode, elle se contenta d'insérer dans ses
registres la présentation qui lui en avoit été faite. Si
donc la société s'est bornée à garder le silence sur un
ouvrage soumis à son jugement, nul doute qu'elle auroit
gardé le même silence sur celui de M. Brun, sur lequel
elle ne fut pas consulté, si la publicité que ce citoyen a
donnée aux attestations qu'il a obtenues n'eut pas déterminé les municipalités de Paris, par suite de leur zèle
pour la chose publique, à écrire aux instituteurs de leur
arrondissement respectif, pour leur faire part de cette
méthode et les engager à la suivre. Alors l'intérêt général
a fait un devoir à la société de s'élever contre ce procédé,
elle m'a chargé d'être son organe ; je vais tâcher de m'en
acquitter de manière à répondre à sa confiance. Pour
être plus intelligible, je rapporterai le texte même du
rapport qui est adressé à l'administration centrale du
département de la Seine, en date du 12 Prairial an 6.
Voici ce que porte son premier alinéa.

« Le département de la Seine, par arrêté du 2 Nivôse
» an 6, autorise le cit. Brun, ancien professeur des
» sciences et belles-lettres, à faire l'essai d'un procédé
» de son invention, par lequel *les enfans doivent savoir*
» *écrire en moins de temps et mieux que par l'ancienne*
» *méthode*. Le département a désigné à cet effet l'école
» primaire du cit. Bordeaux, rue d'Anjou, et nommé
» commissaires pour suivre le travail et en rendre compte,
» les citoyens Leblanc et Dumas, alors administrateurs
» du département ; Targe, professeur de mathématiques
» et membre du jury d'instruction publique ; Costas,
» professeur de mathématiques à l'école centrale de la
» rue Antoine ; Bordeaux, instituteur primaire, et
» Domergue, membre de l'institut national. »

Sur cette partie du rapport nous observons qu'en
disant que *les enfans doivent savoir écrire en moins de
temps et mieux que par l'ancienne méthode*, c'est ne
reconnoître qu'une ancienne méthode, lorsqu'il y en a
deux bien distinctes ; l'une suivie par les artistes, l'autre
suivie par tous les maîtres d'école des grandes et petites
communes. La première consiste à ne faire tracer des
lettres que lorsque la main et les doigts de l'élève sont
parvenus à exécuter facilement tous les mouvemens
propres à l'écriture ; par la seconde, on donne à l'élève
des modèles de lettres qu'il copie comme il peut, sans
avoir la moindre idée des procédés qui conduisent à la
belle exécution. Cette dernière méthode, qui n'embrasse
que la forme des lettres, est la seule connue des écrivains
sans goût et sans principes, ce n'est qu'une routine que
la grande habitude perfectionne quelquefois dans ceux
qui ont des dispositions naturelles ; mais qui, à l'égard
de ceux qui en sont privés, ne produit que des écritures
indéchiffrables. Quoiqu'il en soit, elle est souvent préférée par les parens qui, pressés de voir leurs enfans
tracer des lettres, regardent comme perdu le temps qu'ils
employeroient à des exercices préparatoires.

C'est à cette préférence que l'on doit attribuer la plus
grande partie des mauvaises écritures. Il y a long-temps
que les artistes s'en plaignent ; voici ce qui a été dit
dans la séance publique de l'académie d'écriture, le 13
Décembre 1775, sur ces deux manières d'enseigner à
écrire.

« De deux écoliers ayant les mêmes dispositions pour
» l'art d'écrire, qui apprendroient du même maître, qui,
» avec de pareils soins de sa part, y travailleroient tous
» les jours pendant le même temps et avec la même
» application, celui qui aura été enseigné par la seule
» imitation des lettres avec des observations exactes sur
» leurs difformités, pour les rapprocher de l'original,
» aura, au bout de six mois, une écriture plus régulière
» que celui qui aura été enseigné par la méthode suivie
» par les artistes ; mais comme sa main n'aura acquis
» aucune liberté, qu'au contraire elle aura toujours été
» captivée par cette régularité de lettres qu'on recherche
» avec tant d'avidité, indépendamment de la dureté et de
» la lenteur que les artistes reconnoîtront à l'inspection
» de l'écriture, il s'en suivra qu'après un an d'exercice,
» dans une de ces places établies pour l'administration
» des affaires de l'état ou des citoyens, il ne lui restera
» qu'une écriture tout au plus lisible, tandis que l'autre,
» dont les organes du mouvement auront été bien dis-
» posés, acquerra, par ce nouveau genre de travail, une
» écriture vive, animée et régulière. Cette supposition
» est d'autant plus fondée qu'une écriture, quelque
» régulière qu'elle paroisse, ne peut jouir d'aucun
» mérite, si elle n'est pas l'effet du dégagement de la
» main et de la flexibilité des doigts ; or, comme l'on
» ne peut acquérir ce dégagement et cette flexibilité sans
» des exercices multipliés, qui pourra douter de l'insuf-
» fisance d'une méthode qui ne les exige point ? »

Il est donc certain que long-temps avant la prétendue
invention de M. Brun, il y avait deux manières d'enseigner à écrire ; le rapport des commissaires ne parlant
que d'une ancienne méthode, il s'agit de savoir à
laquelle des deux, dont nous venons de parler, celle de
M. Brun a été comparée. C'est ce que nous dira le
rapport : suivons-le ; il s'exprime ainsi.

« Jaloux de mériter la confiance du département, les
» commissaires réunis le 22 Nivôse chez le cit. Bordeaux,
» ont réglé la marche qu'ils devoient suivre pour par-
» venir à un résultat ; ils ont pensé que, pour porter un
» jugement solide, il falloit comparer les deux méthodes,
» mettre l'une dans un bassin de la balance, et l'autre
» dans l'autre ; en conséquence, ils ont fait un choix
» scrupuleux de douze enfans du même âge, qui n'a-
» voient jamais écrit ; le sort a désigné les six que le
» cit. Bordeaux instruiroit, d'après l'ancienne méthode,
» et les six que le cit. Brun instruiroit d'après son

» procédé ; l'expérience comparative a commencé le
» 23 Ventôse, et fini le 8 Prairial ; les leçons, de deux
» heures chacune, ont eu lieu tous les jours, excepté le
» quintidi et le décadi, et dix jours de maladie de part et
» d'autre. Elles ont eu lieu en présence au moins d'un
» commissaire. Les maîtres et les élèves ont mis un zèle égal
» pour faire triompher la méthode qu'ils suivoient ; mais
» les progrès ont été bien différens. Vos commissaires
» réunis le 8 Prairial, en assemblée générale, ont vu,
» dans les exemples faites d'après l'ancienne méthode,
» des lettres *irrégulières*, *des mots tracés d'une main*
» *mal assurée*, et dans les exemples faites d'après le
» nouveau procédé, des lettres, des mots, des phrases
» régulières, tracées avec aisance et fermeté. *La même*
» *fermeté*, *la même aisance*, *la même régularité* ont
» frappé vos commissaires dans les petites phrases écrites
» sous leur dictée. »

On voit par cet exposé, que douze enfans du même
âge ont été choisis parmi ceux qui n'avoient jamais
écrit ; que le sort a décidé des six qui seroient enseignés
par l'ancienne méthode, et des six qui apprendroient
par le nouveau procédé ; que cet essai a commencé le 23
Ventôse et qu'il a fini le 8 Prairial, ce qui fait soixante-
dix-sept jours, dont il faut déduire, suivant le rapport,
quinze jours pour les quintidi et décadi, et dix de
maladie, ce qui réduit les soixante-dix-sept jours à
cinquante - deux ; lesquels à raison de deux heures
d'exercice, font cent quatre heures de travail ; or cet
essai, dans un temps aussi court, et sur-tout pour des
enfans dont la main est si foible, prouve que l'ancienne
méthode dont s'est servi M. Bordeaux étoit l'espèce de
routine dont il a été parlé ; car s'il eut employé la vraie
méthode, ses six enfans, au bout des cent quatre heures
dont il est question, auroient à peine pu disposer leurs
mains à l'acte d'écrire, ils n'auroient su encore former
des caractères, et comme il falloit des lettres, parce que
le vulgaire ne juge des progrès que par les formes de
celles-ci, l'instituteur a pris le chemin le plus court
pour les obtenir. Ce fait, qui n'est encore qu'hypothé-
tique, va être certifié par la suite du rapport, dont voici
les expressions.

« La différence des procédés a dû en amener une dans
» les résultats. Dans l'ancienne méthode, on met entre
» les mains de l'enfant *une plume que font dévier sans*
» *cesse la foiblesse de ses doigts*, *l'inattention naturelle*
» *à son âge et le découragement que produit le non-suc-*
» *cès.* Ce n'est qu'à la longue que la main devenant plus
» ferme, le coup-d'œil plus juste, l'écriture devient plus
» régulière ; *encore le plus grand nombre ne parvient-il*
» *jamais, nous ne dirons pas à une écriture élégante ;*
» *mais à une écriture correcte.* »

Le fait est vrai, nous ne contestons point cette partie
du rapport, qui ne peut s'appliquer qu'à la méthode
rejetée par les artistes ; laquelle est moins une méthode
qu'une routine ne donnant aucun moyen d'exécution,
dont il ne résulte que des mains serviles, qui parviennent quelquefois à peindre passablement les cacactères ;

mais qui, manquant de liberté, finissent toujours par
ne pouvoir plus que griffonner. Ce qui prouve que
c'est cette ancienne méthode qui a été employée par
M. Bordeaux, c'est, comme dit le rapport, qu'au moment
où l'on met la plume à la main de l'enfant, on est obligé
de lutter contre trois choses à la fois ; contre *la foiblesse*
de ses doigts, qui fait dévier la plume ; contre *l'inatten-*
tion naturelle à son âge, et contre *le découragement que*
produit le non-succès. Rien n'est plus vrai. *La foiblesse*
des doigts, parce qu'ils n'ont pas été exercés ; *l'inatten-*
tion, parce qu'il faut plus d'attention que l'âge de l'enfance ne le permet, pour exécuter passablement, sans
préparation, les contours des lettres ; *le découragement*,
parce qu'il est la suite naturelle des deux premières
causes, dans ceux qui desirent apprendre. Toutes ces
difficultés n'ont pas lieu par la bonne méthode, vu que,
par celle-ci, les premiers essais des enfans sont sur des
choses qui n'exigent que peu d'attention, pour la laisser
toute entière aux moyens d'exécution, et que lorsqu'ils
en sont aux lettres, leurs doigts ont acquis assez de
souplesse et de fermeté pour ne pas craindre le découragement qu'apporte le non-succès. Il est donc démontré
que la méthode suivie par M. Bordeaux n'est point celle
des Alais, des Sauvage, des Rossignol, ainsi le prétendu
succès obtenu par M. Brun ne préjudicie en rien à cette
méthode. Quant à celle de ce dernier, voici comment
s'explique à son égard le rapport.

« Dans la nouvelle méthode, *il y a un régulateur*
» *auquel les doigts sont dans l'heureuse impuissance*
» *de ne pouvoir se soustraire ;* chaque lettre de l'al-
» phabet, *d'une forme simple, belle, choisie par les*
» *maîtres de l'art*, est gravée en creux sur du métal.
» L'élève tenant un style taillé comme une plume, le
» fait entrer dans le creux de la lettre et lui fait par-
» courir les pleins et les déliés ; il réitère cette opération
» jusqu'à ce qu'il soit bien familiarisé avec le volume, la
» forme et les contours des lettres, alors il retourne son
» style, et du crayon dont ce côté est garni, il trace la
» lettre sur une petite table noire qui lui sert de pupître.
» Si la lettre au crayon n'est pas parfaitement conforme
» au modèle, le travail du creux recommence jusqu'à ce
» que l'enfant sente et exécute bien sa lettre ; ainsi l'on
» va tour-à-tour du style au crayon, du crayon au style,
» *et bientôt les doigts ayant appris dans le creux à ne*
» *pas dévier* et contracté l'habitude des formes, *on*
» *prend la plume avec avantage. La simple théorie*
» avoit fait pressentir aux commissaires de l'institut
» national, aux vôtres, à tous ceux qui la connoissent,
» *le plein succès dont l'expérience vient de donner la*
» *preuve ;* en effet, par une sensation toujours renais-
» sante, l'enfant est forcé de contracter l'habitude d'une
» écriture correcte, et l'on *fait mieux et plus vîte ce*
» *que l'on fait souvent.* »

La simple théorie qui a fait pressentir aux commissaires *le plein succès* d'une méthode *dont l'expérience*,
disent-ils, *vient de donner la preuve*, est un bien mauvais guide pour juger de l'écriture et des procédés à
employer pour l'enseigner avec succès ; c'est parce que

tout le monde écrit, que personne ne se doute de son incapacité pour prononcer sur cette matière ; et si l'écriture est dégénérée en France, c'est à cette opinion générale que l'on doit en attribuer la cause. Le système qui donne lieu à ce mémoire et le jugement qui en a été porté fournissent la preuve de l'égarement de l'esprit à cet égard. Mais revenons à cette nouvelle méthode, jugeons-en d'après les développemens qu'en donne le rapport.

Il est aisé de sentir, par le texte même que nous venons d'en donner, que tout, dans cette méthode, se rapporte aux effets et rien aux causes ; on y juge, comme le point essentiel des difficultés dans l'enseignement de l'écriture, les formes et contours des lettres, et l'on ne dit pas un mot sur les moyens de procurer aux doigts et à la main le mouvement nécessaire à cette configuration. *Le régulateur auquel les doigts sont,* suivant le rapport, *dans l'heureuse impuissance de ne pouvoir se soustraire,* peut-il donner à ceux-ci l'action dont ils ont besoin ? L'enfant en mettant son style dans le creux ne pourra-t-il pas parcourir ce creux du mouvement de la main, plutôt que de celui des doigts ? Si cela lui est possible, s'il y a même lieu de croire qu'il agira plus de la main que des doigts, à quoi le conduira la forme qu'il aura obtenue ? Saura-t-il écrire, parce qu'il aura cette forme ? Ne pourra-t-on pas le comparer à ces peintres qui, sachant à peine griffonner, font, par imitation, des lettres de tous les genres sur les enseignes ? *Savoir former des lettres* ou *savoir écrire* sont deux choses différentes ; on peut, par ce procédé, obtenir la première, mais jamais la seconde. D'ailleurs quand il seroit vrai que les lettres gravées en creux sur ce métal seroient, comme l'annonce le rapport, d'une *forme simple, belle, choisie par les maîtres de l'art,* ce dont on peut douter, d'après la simple théorie de M. Brun et le peu de disposition que doivent avoir des écrivains à se prêter à cette méthode, s'ensuivroit-il encore que les enfans les imiteroient par ce procédé, lorsque pour y réussir ils employeroient des moyens contraires à la belle exécution ? Ceux qui y conduisent, et dont on ne peut s'écarter sans avoir une écriture dure, roide et gênée, sont, que les doigts, par leur plier et déplier, doivent agir seuls pour tracer toutes les lignes perpendiculaires ou penchées ; que la main, par son transport de droite à gauche et de gauche à droite, exécute toutes les lignes horizontales et celles obliques approchant de cette direction ; que la plume, par un léger repos sur son bec aux endroits déterminés par les principes, facilite aux deux doigts de dessous le dégagement sur la droite, pour éviter le renversement de la main en dehors et lui conserver la position dont elle a besoin pour bien exprimer le plein de la plume. Or, tous ces principes qui sont dans la nature des choses, de la pratique desquels on ne peut se dispenser sans s'exposer à avoir une mauvaise écriture, ne sont ni recommandés, ni même prévus dans la méthode de M. Brun. Cette méthode n'embrasse que la forme des lettres, son auteur croit avoir tout fait pour l'obtenir en asservissant les élèves à suivre des traits gravés en creux avec un style de métal, qui ne peut que

rendre la main dure par l'appui qu'elle est forcée d'y mettre, lorsque la belle écriture exige beaucoup de légèreté ; mais pour démontrer à cet auteur et à ceux qui ont approuvé sa méthode que leur théorie les a induits en erreur, sur les difficultés qui existent dans l'enseignement de l'écriture, il ne faut que leur dire ce que l'expérience prouve tous les jours ; que la forme des lettres est la partie de l'enseignement qui en présente le moins. Les grandes difficultés, celles que l'on ne peut surmonter qu'après un temps plus ou moins grand, suivant les dispositions de chaque individu, résident dans la tenue de la plume, dans l'action méthodique des doigts, de la main et de l'avant-bras, toutes choses sur lesquelles la méthode est muette. Quand, par des exercices préparatoires, on est parvenu à donner à sa main les facultés nécessaires à l'acte d'écrire, ce qu'il faut faire avant de s'occuper de la forme des lettres, alors les contours des caractères sont aussi faciles que prompts à obtenir. Comme les lettres ne sont composées que de lignes droites et courbes, tracées les unes en montant, les autres en descendant, d'autres horizontalement, il suffit, à celui qui est ainsi disposé, d'en avoir l'idée, et sa main exécute aussitôt ce que son imagination conçoit ; c'est alors que l'on peut dire, avec bien plus de fondement que le rapport, qu'une main amenée ainsi par degrés au point d'obéir à la volonté, *fait mieux et plus vite ce qu'elle a fait souvent.* Pour la lettre O, par exemple, qui est la radicale de toutes les parties courbes, dont la parfaite exécution, dans les gros caractères, est hérissée de difficultés par l'accord qu'elle exige dans le mouvement du pouce et des doigts, une main qui aura été asservie à en suivre la forme dans un creux, sans aucune flexion ni extension des agens du mouvement, à quoi n'oblige pas ce creux, quoiqu'il soit dit dans le rapport *qu'il empêche les doigts de dévier,* exécutera-t-elle plus vite et mieux cette lettre, qu'une autre main qui, exercée par la méthode avouée de l'art, aura été conduite à cette forme par celle du carré, dont on lui aura fait ensuite adoucir les angles ? Ce seroit assurément se refuser à l'évidence que de contester l'avantage à cette dernière. Nul doute qu'il lui faudra plus de temps ; mais aussi elle saura écrire, et ses succès ne pourront que s'améliorer par l'exercice, tandis que l'asservissement qui aura fait obtenir cette forme à une autre, fera un effet tout contraire.

A l'égard du temps dont parlent les commissaires, en annonçant que six enfans ont, par cette nouvelle méthode, obtenu en cinquante-deux jours des formes de lettres plus parfaites que six autres par une autre méthode. Où est la nécessité que des enfans apprennent à écrire dans un intervalle de temps aussi court, ne faut-il pas occuper l'enfance, et peut-on l'occuper plus utilement qu'en lui procurant une belle écriture, qui pourra un jour sauver de l'indigence celui qui l'aura obtenue ? On accorde trois ou quatre ans pour apprendre à faire des habits ou des souliers, et l'étude du plus utile de tous les arts, de celui dont personne ne peut se passer, sera limité à une aussi courte durée. Peut-être, dira-t-on, que les cinquante-deux jours énoncés au rapport n'ont pour objet que de juger les premiers succès ; que l'on n'entend pas, par cet essai, resserrer dans un aussi court intervalle l'étude de l'écriture, que les enfans dont il est question ont continué d'apprendre à écrire. C'est à cette réponse que nous attendions l'auteur de la méthode. Si ces enfans ont continué d'apprendre à écrire, nous demandons quels progrès ils ont faits ? Car, sans de grandes dispositions, de ces dispositions particulières que la nature se plaît à accorder à certains individus, en très-petit nombre, nous sommes persuadés que ces six enfans n'ont encore aujourd'hui qu'une très-mauvaise écriture, quoiqu'il se soit passé dix-sept mois depuis la date du rapport. Pour juger sainement des progrès des enfans dans l'écriture, ce n'est pas d'après leurs premières productions, c'est quand elles ont acquis de la maturité, ce n'est qu'après un an, quelquefois plus, suivant l'âge des enfans, que l'on peut juger de la préférence que mérite telle ou telle méthode ; car enfin, que cherche-t-on quand on apprend à écrire ? N'est-ce pas d'avoir une écriture assez régulière pour flatter l'œil, une écriture aisée, propre, bien alignée, et d'une lecture facile, et pour cela est-il nécessaire de faire assaut à qui mettra moins de temps à obtenir des prémices trompeuses ? Nous soutenons que celles dont parle le rapport sont de cette nature. Cette méthode peut se comparer à ces remèdes que les empiriques distribuent, qui, quelquefois, soulagent le malade pour le moment ; mais dont les suites lui deviennent toujours très-funestes.

Pour répondre par des faits à M. Brun, et défendre la méthode de nos grands maîtres, la société offre d'engager un de ses membres, de la classe des artistes écrivains, à faire avec lui la même expérience qu'il a faite avec M. Bordeaux, en présence de tel nombre de commissaires que l'on voudra ; elle est certaine qu'au bout d'un an les élèves enseignés par la méthode des artistes auront une écriture régulière et expéditive, lorsque ceux enseignés par la méthode de M. Brun n'auront qu'une écriture défectueuse, lente et gênée. Quoiqu'il y ait vingt ans que je n'enseigne plus à écrire, l'honneur de l'art que j'ai exercé dès ma tendre jeunesse, et que j'ai toujours aimé, me porteroit à accepter ce défi au succès duquel je n'attache d'autre intérêt que celui qui en résultera pour la chose publique.

Par cette seconde épreuve on démontrera la futilité des deux méthodes employées dans la première, et l'on prouvera à tous les pères de familles qu'ils entendent mal leurs intérêts, quand ils préfèrent à la méthode des Alais, des Sauvage, des Rossignol, cette ancienne routine qui ne donne que des succès éphémères, dont le résultat est toujours une mauvaise écriture.

Mais finissons le texte du rapport et voyons si des raisons d'économie ne militeroient pas en faveur de la méthode de M. Brun.

« *L'économie du papier et des plumes*, dont les com-
» mençans font une grande consommation, et celle du
» temps que les maîtres n'emploieront plus à préparer
» le travail à faire ; mais à corriger le travail fait,
» méritent d'être prises en considération. Un autre
» intérêt qui vient se joindre aux motifs essentiels, et
» qui doit toucher des cœurs républicains, c'est que si
» toutes les écoles l'adoptent, tous les français, sans
» exception, dans les campagnes comme dans les villes,
» *auront une écriture très-correcte, puisqu'elle sera*
» *nécessairement la copie des belles formes* que les plus
» habiles maîtres de l'art ont choisies. D'après ces consi-
» dérations, vos commissaires sont d'avis que le procédé
» du cit. Brun, préférable à l'ancienne méthode, mérite
» d'être encouragé par tous les moyens qui sont au
» pouvoir du département, en attendant que le *gouver-*
» *nement, qui accueille tout ce qui est utile, en fasse*
» *jouir toute la république.* »

On voit, par cet exposé, que les commissaires, pénétrés de la bonté de cette méthode, désirent *que le gouvernement en fasse jouir toute la république* ; à cet égard on peut dire qu'à quelque chose le malheur est bon ; car si les finances du gouvernement lui permettoient de faire cette dépense, il n'y auroit à l'avenir en France que des écritures défectueuses et illisibles. D'un autre côté, si cette méthode étoit généralement adoptée et qu'elle fut susceptible, comme porte le rapport, de donner *une écriture très-correcte, parce qu'elle sera nécessairement la copie des belles formes*, ces formes étant par-tout les mêmes, il devroit s'ensuivre une unité de genre, qui feroit perdre à l'écriture un de ses plus précieux avantages, celui de caractériser les productions de chaque main : alors que deviendroient les garanties ? mais rassurons-nous, ce dernier inconvénient, qui seroit très-grand, n'est point à craindre d'une méthode qui ne procure aucun moyen d'exécution ; ceux qui la suivroient écriroient plus ou moins mal, en raison de leurs dispositions naturelles, et la distinction des caractères établie par la nature subsisteroit toujours.

Quant à *l'économie du papier et des plumes*, sur laquelle s'appuient les commissaires, peut-elle être de quelque considération ? Nous ne le pensons pas ; d'abord parce que le crayon ne peut jamais remplacer la plume. Nous voyons tous les jours des enfans qui, avant d'avoir reçu aucune leçon, s'amusent à tracer des lettres au crayon et y réussissent quelquefois assez pour faire préjuger des progrès rapides ; cependant ces dispositions, dont on s'applaudit, n'annoncent plus rien aussitôt qu'on leur met la plume à la main, et cela parce que les effets de cet instrument ne peuvent être sentis que par l'exercice de l'instrument même. Rien ne pouvant donc remplacer la plume, la perte du temps employé à l'exercice du crayon seroit plus coûteuse que l'achat des plumes. La table noire qui sert de pupitre ne peut non plus remplacer le papier. On est effrayé quand on pense à la dureté d'une main qui n'auroit été exercée que sur des corps aussi peu flexibles qu'une planche de métal et une table noire, avec un style et un crayon ayant la même inflexibilité. Au surplus, la méthode des artistes ne s'oppose point à l'économie sur ces objets. Les premiers exercices, tous ceux du mouvement simple, qui consistent en des carrés, des lignes spirales et mixtes, peuvent se répéter plusieurs fois sur les mêmes pages ; ceux du mouvement composé, pour lequel toutes les parties ont une plus grande étendue, sont susceptibles d'être exécutées avec de l'eau dans la plume, sur un carton noirci ; ainsi pour ces grands exercices, faits à main roulante, on économise non-seulement le papier, mais même l'encre et les plumes, conséquemment sous tous les rapports cette méthode est préférable à celle de M. Brun. Mais il y a mieux, c'est qu'étant conduite par des artistes, ils savent distribuer aux élèves ce qui leur convient. Tout en s'élevant contre la méthode de M. Brun, qui ne porte que sur la forme des lettres, tout en disant que cette forme est facile à obtenir par ceux qui n'apprennent que pour leur usage, les artistes ne négligent rien pour procurer la perfection et l'élégance des belles formes à ceux qui se destinent à cet art. Après avoir donné tous leurs soins à la manière de faire, après s'être assurés des facultés des agens du mouvement, lorsqu'il se présente quelques difficultés pour exécuter les belles formes, ils indiquent à leurs élèves l'usage du papier serpente non huilé. C'est un papier que l'encre ne perce point, dans la feuille duquel on met son modèle ; la transparence de ce papier laissant appercevoir distinctement tous les traits, on les suit à l'encre, en écrivant dessus avec une plume de même grosseur. On écrit ensuite les mêmes caractères sur un autre papier, et quelques difficiles que soient les contours de ces lettres, on les obtient promptement.

Peut-être, dira-t-on, que ce procédé rentre dans celui de M. Brun ; mais, nous le répétons, on ne s'en sert que pour les belles formes qu'exige la perfection de l'art, conséquemment après que la main s'est rendue maîtresse de tous ses mouvemens ; ici elle agit sans contrainte avec la légèreté qui convient à un papier fin, tandis que par le nouveau procédé, c'est sur un métal, dans des creux ou sur une table noire, et toujours avec un instrument dur ; quelle différence !

Voilà, Messieurs, la réfutation que la société m'a chargé de faire d'une méthode qui, loin de venir au secours des enfans des campagnes, tend au contraire, avec les travaux pénibles auxquels ils se livrent, à les priver d'une écriture dont ils puissent se servir, pour leurs besoins journaliers. La société s'estimera très-heureuse si cette réfutation peut ramener tous les instituteurs aux vrais principes de l'enseignement ; c'est à cette récompense qu'elle borne son ambition.

Extrait du procès-verbal de la séance de la Société libre d'Institution, du 6 Brumaire an 8.

L'ordre du jour appelle la discussion sur les conducteurs artificiels par lesquels on prétend former la main des élèves en écriture.

Le cit. Harger, chargé d'un travail à ce sujet, prononce une analyse raisonnée des procédés anciennement usités par les instituteurs écrivains qu'il ramène à deux grandes divisions ; d'une part, les moyens vraiment élémentaires de l'art ; de l'autre, la routine purement servile de la plus grande partie des maîtres ; il démontre combien seroit encore plus abusive toute méthode qui, comme celle déjà proposée par Royllet, décédé il y a plus de trente ans, par le cit. Capitaine, et avec plus d'importance par le cit. Brun, laisse la main s'appesantir dans des contours matériels, au lieu de chercher à faciliter les mouvemens des doigts et de la main, les véritables agens de l'art d'écrire.

Ce discours paroît à la Société d'autant plus important, que la publicité donnée par le département et par plusieurs administrations municipales à la méthode du cit. Brun, pourroit être fatale au véritable intérêt de l'instruction primaire, dans une de ses parties fondamentales.

Elle en arrête en conséquence la lecture dans sa séance publique, l'impression dans ses mémoires et même en cahier à part, pour être distribué aux autorités constituées, dont il importe de ne point laisser égarer la confiance.

Pour extrait conforme au registre.

COLOMBEL, *Secrétaire.*

Nota. Cet extrait, imprimé à la suite du mémoire, fut adressé, le 29 Frimaire an 8, par la Société, tant à l'administration centrale du département de la Seine, qui avoit approuvé les expériences faites par ses commissaires sur la méthode de M. Brun, qu'aux administrations municipales de Paris, qui avoient recommandé aux instituteurs l'usage de ladite méthode. Par les réponses que ces administrations firent à la Société, dans les premiers jours de Nivôse suivant, elles témoignent leur satisfaction du contenu audit mémoire. L'administration centrale s'exprime ainsi dans sa lettre du 8 Nivôse.
« Votre lettre accompagnoit des exemplaires du rapport
» fait par le cit. Harger sur les inconvéniens du procédé
» du cit. Brun, pour apprendre à écrire aux enfans.
» Nous ne pouvons qu'applaudir à la manière dont le
» cit. Harger a traité cette matière importante ; nous
» vous remercions de nous avoir fait part de son rapport.

Parmi les lettres des administrations municipales, on remarque celle du neuvième arrondissement, qui porte :
« Nous avons reçu les exemplaires de votre mémoire
» sur les inconvéniens qui résulteroient d'adopter un
» procédé qui habitueroit les élèves *à savoir former des
» lettres sans savoir écrire.* Nous partageons à cet égard
» votre opinion, &c. »

Ce mémoire eut tout le succès que la Société pouvoit espérer, il ne fut plus question de se servir de la méthode de M. Brun.

MÉMOIRE

SUR LES PROGRÈS ET LE MÉCANISME DE L'ÉCRITURE.

Lu dans la séance publique de la Société libre d'Institution le 26 Nivôse an 9 (16 Janvier 1801).

MESSIEURS,

RIEN n'est plus nécessaire, pour le progrès des sciences et des arts, que la publicité des différentes idées que chacun en conçoit ; sans cette publicité, les erreurs où l'on est tombé, à leur égard, auroient été regardées comme des vérités. Persuadé de cette vérité, je vais, pour l'avantage de l'écriture, combattre deux assertions ; l'une sur les progrès de l'écriture en France ; l'autre sur la prétendue nécessité de redresser la main pour former les déliés et les liaisons des lettres : assertions qui viennent d'être avancées par M. Saintomer l'aîné , dans un ouvrage intitulé : *Graphométrie , ou l'Art de démontrer l'écriture , par le moyen du cercle et de l'ellipse.* Je ne suivrai pas l'exemple de l'auteur de cet ouvrage ; j'écarterai tout ce qui n'est pas nécessaire à mon sujet , notamment les personnalités.

L'écriture s'est-elle perfectionnée en France depuis Rossignol, décédé en 1739 , ou y est-elle dégénérée ?

Doit-on redresser la main en dedans pour former les déliés et les liaisons des lettres, ou doit-on tourner la plume dans les doigts pour les produire ?

Ce sont les questions auxquelles je me propose de répondre. Mon but, en m'occupant de l'état actuel de l'écriture en France, est de prouver, par l'expérience, que l'on s'est écarté de la vraie et unique méthode d'enseigner l'écriture : de cette méthode pratiquée par les grands maîtres qui ont précédé Rossignol, à laquelle cet artiste a dû la supériorité de ses talens, et dont il a aussi donné le précepte à ses élèves.

Nul doute que les plus beaux jours de l'écriture en France n'aient été depuis le milieu du dix-septième siècle , jusque vers le milieu du dix-huitième ; temps où vécurent les Barbedor, les Sénault, les Alais , les Marlié, les Michel, les Sauvage, les Rossignol. C'est à Alais que l'on doit la perfection de la vraie méthode de l'enseignement de l'écriture ; c'est lui qui a formé Sauvage ; et c'est ce dernier qui, trouvant dans Rossignol un élève doué des dispositions les plus heureuses, lui procura les moyens de surpasser tous ceux qui le précédèrent.

Ces maîtres connoissoient l'art et la manière de l'enseigner ; ils joignoient la théorie à la pratique ; plus originaux qu'imitateurs , le génie guidoit leurs mains ; conséquens dans leurs principes, ils triomphoient des obstacles, sans recourir à l'imitation des lettres , sur laquelle, depuis eux, on s'est trop appesanti. Si Rossignol a surpassé les autres, ce n'est ni dans le feu de l'imagination , ni dans la douceur des courbes, ni dans le moëlleux du toucher ; mais dans une régularité soutenue, dont , avant lui, on n'avoit aucune idée. Pour l'obtenir, il n'a imité personne. Le travail qu'il a fait sous Sauvage l'ayant rendu maître de tous ses mouvemens, il a su les modifier pour faire sortir de sa plume les chef-d'œuvres que nous admirons.

« Par quelle fatalité, disois-je en 1775 (*), un » homme , qui a fait, en cette partie, la gloire de son » siècle, est-il devenu la cause de la chûte de l'écri- » ture ? Ne devoit-elle pas , d'après cet artiste, monter » à la plus haute perfection ? Le contraire étant arrivé, » voici à quoi on peut l'attribuer. La régularité qui » caractérise tous les morceaux de Rossignol , a fait une » telle impression, que les esprits, prévenus par un » merveilleux qui sembloit être à la portée de tout le » le monde, ont abandonné, dans l'étude de l'écriture , » les moyens qui pouvoient en procurer l'exécution , » pour s'en tenir à l'alignement et à l'imitation servile » des lettres. Loin de penser que le sublime auquel cet » écrivain est parvenu, étoit le résultat d'une liberté » acquise par un travail de beaucoup d'années, on a » regardé comme superflus les exercices qui conduisent à » cette liberté ; ensorte que depuis Rossignol , on a com- » mencé l'étude de l'écriture par où cet artiste a fini. »

Voilà, Messieurs, ce qui est cause que l'écriture est dégé- nérée ; c'est pour s'être trop servilement attaché à copier Rossignol, qu'on est resté loin de lui. Ses élèves qui l'ont suivi de plus près, qui l'ont égalé, dans certaines parties, comme Hénard, dans la bâtarde ; Gallemant, dans la coulée, Roland, dans les passes, l'auroient peut-être éclipsé si, à son exemple, ils eussent été créateurs de leurs morceaux d'écriture. Leurs organes non asservis,

---

(*) Mémoire sur l'écriture, imprimé chez Stoupe.

6

par l'imitation, auroient ajouté, à la régularité de leurs productions, cette touche vigoureuse que l'on admire dans Rossignol, et l'art ne seroit pas resté au dessous du point où l'a laissé cet artiste.

Quelque pénible que soit pour les maîtres, successeurs de Rossignol, l'aveu de cette vérité, ils peuvent d'autant moins se faire illusion à cet égard, que ceux d'entre-eux qui, par leurs talens, auroient été les plus fondés à la contester, l'ont toujours reconnue. Si donc aucun de ces artistes n'a égalé Rossignol, l'art est dégénéré. Je l'ai dit en 1775, dans le mémoire dont je viens de rapporter quelques fragmens ; je l'ai répété dans une notice biographique sur les artistes écrivains, lue dans une pareille séance le 20 Ventôse an 6. M. Saintomer, pensant différemment sur ce sujet, relève, dans son ouvrage, ce que j'ai dit ; et, pour prouver que l'écriture n'est point dégénérée, il donne une liste des artistes existans, à quoi il ajoute : *Est-il une époque ancienne où l'on auroit pu compter autant de plumes de la première classe ?* Sur cela, j'observe que cette liste ne prouve rien contre la notoriété d'un fait, qui est que personne n'a écrit de la force de Rossignol, d'où l'on doit conclure que l'écriture est dégénérée. D'ailleurs, quelle conséquence peut-on tirer de cette liste ? Qu'une trentaine d'artistes écrivains du premier rang habitent le sol de la France ; mais, de tous les temps, le même nombre au moins s'est trouvé parmi les seuls maîtres de Paris ; et quand ce nombre seroit doublé, triplé, et même quadruplé, ne serois-je pas encore fondé à soutenir mon opinion ? S'il étoit possible de me la contester, en considérant l'écriture comme art, parce qu'il faut des connoissances particulières pour en bien juger, on sera fondé de me l'accorder, en considérant l'écriture sous le rapport de l'usage que l'on en fait. Avant Rossignol et jusqu'à lui, on ne s'occupoit, dans l'étude de l'écriture, que des moyens d'exécution ; le temps seul amenoit la régularité des caractères ; aujourd'hui, on ne s'attache qu'à cette régularité ; et, quoiqu'elle ne soit pas nécessaire dans l'usage journalier de l'écriture, tous les élèves y prétendent. Si quelques-uns y parviennent, les moyens employés par eux n'étant pas ceux dont Rossignol s'est servi, il se trouve que lorsqu'ils sont livrés aux différentes occupations par eux choisies, cette régularité, qui n'est pas assise sur des bases solides, disparoît ; elle est remplacée par des caractères difformes, qui finissent souvent par n'être plus lisibles. C'est à ce procédé que l'on doit les mauvaises écritures qui inondent toutes les classes de la société, et dont notre auteur convient lui-même, en disant : *si l'on écrit généralement mal en France, ce n'est pas faute de bons maîtres.* Si donc, de son aveu, on écrit généralement mal en France, j'ai pu dire que l'écriture y est dégénérée, puisque du temps de Colbert et dans le commencement du siècle que nous quittons, l'on écrivoit généralement bien. Les princes, Louis XIV même, les ministres, les commis, les notaires, leurs clercs, tous les gens d'affaires écrivoient bien ; tous avoient de superbes signatures ; aujourd'hui on ne voit dans toutes ces classes que de mauvaises écritures. Cela viendroit-il de ce qu'il n'y

auroit plus de bons maîtres ? Non. Je suis, à cet égard, de l'avis de notre auteur ; ce qui en est cause, c'est l'impatience des parens des élèves, qui ne permet pas aux maîtres de conduire les jeunes gens confiés à leurs soins, par le chemin qui a fait arriver Rossignol à la perfection. S'il n'est pas nécessaire de le parcourir tout entier pour obtenir une belle écriture de consommation, encore faut-il en faire une partie, et il est totalement abandonné ; d'où il suit qu'avec de bons maîtres, obligés de se prêter aux idées des parens de leurs élèves, on écrit *généralement mal en France*, et que j'ai eu raison de dire que *l'écriture y est dégénérée.*

Sur la seconde question relative à la nécessité de redresser la main pour former les déliés et les liaisons des lettres, que des vues particulières ont fait établir en principe, il y a plus d'un demi-siècle, et dont le précepte vient d'être renouvellé par M. Saintomer : j'observe préliminairement que les auteurs anciens se servoient indifféremment des mots *déliés* et *liaisons* pour désigner les traits fins de l'écriture formés de l'angle de la plume du côté du pouce, quelque soit leur service ; que les auteurs modernes, considérant plus ces traits par leur usage que par la manière dont ils sont exécutés, nomment *déliés* ceux qui lient diverses parties d'une même lettre, et *liaisons*, ceux qui assemblent plusieurs lettres ; mais comme ces traits ne sont considérés ici que sous le rapport de leur exécution, *déliés, liaisons* sont dans ce cas synonymes.

M. Saintomer rapporte (1) que M. Say, dans la Décade Philosophique (2) dit : *Pour écrire le caractère anglois, il ne faut pas tourner la plume dans les doigts,* et sur cette phrase, il s'écrie : *Est-ce qu'il faut la tourner pour les caractères françois ? Ceux qui enseignent à la tourner sont des ignorans, qui ne se sont pas donné la peine de lire un seul traité d'écriture, et qui n'ont pas reçu de meilleures leçons que M. Say.* Moins pour prendre la défense du rédacteur de la Décade Philosophique que pour empêcher qu'une réponse faite d'un ton aussi assurant n'ait le caractère persuasif, je me mets du nombre des ignorans qui enseignent à tourner la plume, non parce que je ne me suis pas donné la peine de lire un seul traité d'écriture ; mais parce que les bons auteurs, les artistes les plus célèbres, disent qu'il faut la tourner.

Avant de m'autoriser de leur témoignage, je demanderai à M. Saintomer comment, pour exécuter des caractères posés d'une certaine force, qui sont entremêlés de pleins et de déliés, les premiers s'exprimant de la largeur du bec de la plume, sauf la différence qu'y apportent les divers degrés d'obliquité, les autres, de l'angle de la plume du côté du pouce : comment, dis-je, il lui seroit possible de présenter la plume sur ces deux situations sans la tourner ; car il est de fait que si après avoir descendu un jambage du plein de la plume, je développe mes doigts en remontant, la plume restant

(1) Graphométrie, page 7.
(2) N°. 4 de l'an VII.

dans la même situation, j'aurai encore un plein, il sera, à la vérité, un peu moins fort que celui descendant, mais ce ne sera point un délié. Comment donc faire pour obtenir ce délié ? Il n'y a que deux moyens qui sont, ou de redresser la main pour ne laisser porter sur le papier que l'angle de la plume du côté du pouce, ou, par une petite action du pouce, faire faire à la plume la même inclinaison, la main restant alors dans sa position. C'est une vérité incontestable. M. Bedigis, dans son traité, qui parut en 1768, dit, en parlant de l'éxécution des liaisons : *Il est impossible de les produire sans renverser la main en dedans à chaque liaison, ou sans faire tourner la plume dans les doigts* : et sur le renversement de la main, il ajoute : *cette précaution aussi singulière qu'embarassante, en captivant la main, retarderoit l'exécution.* M. Saintomer, jugeant différemment de ces deux moyens pour produire des liaisons, s'exprime ainsi au chapitre VIII de son ouvrage : *l'M de ronde, dit-il, se compose de trois jambages, unis par des liaisons un peu concaves. Elle doit se former sans tourner la plume dans les doigts. Quand la plume est arrivée à la base du jambage, la main s'élève doucement du côté du pouce, de manière que l'angle du pouce reste seul sur le papier pour former la liaison. Lorsque la plume est arrivée au sommet du jambage qui suit, la main se remet dans la première position, et alors la plume, qui est sur ses deux angles, forme le second jambage : ce mouvement vertical de la main a lieu lorsque la plume est arrivée à la sommité de chaque jambage.*

Voilà donc, suivant les principes de M. Saintomer, la vraie manière de former les liaisons ; tous ceux qui n'enseignent ni ne pratiquent le même procédé, *sont des ignorans, qui ne se sont pas donné la peine de lire un seul traité d'écriture, et qui n'ont pas reçu de meilleures leçons que M. Say.* Cependant, écoutons sur cette partie les meilleurs auteurs ; mais avant, je dois observer que jusqu'à Royllet, dont le premier traité sur l'écriture parut en 1731, la question que je traite étoit inconnue. Tous les auteurs ont dit que les liaisons se formoient de l'angle de la plume du côté du pouce, sans indiquer si c'étoit par l'action de ce doigt, ou par le redressement de la main que l'on parvenoit à mettre la plume dans cette situation. Guillaume Legagneur, qui vivoit à la fin du seizième siècle ; Laurent Fontaine et Allais, dont les traités sur l'écriture sont de 1677 et de 1680, sont les seuls qui ont cru devoir entrer dans ce détail, que les autres ont regardé comme superflu ; et ces trois auteurs, très-estimés, disent que la liaison se forme de l'angle du pouce par l'action de ce doigt. *Je la fais,* dit Legagneur (1), *du coing sénestre de la plume, le poulce et le doigt du milieu la faisant tourner.* Laurent Fontaine dit : *Le pouce forme la liaison de bas en haut par un léger allongement, en faisant tourner la plume de son côté.* Alais s'exprime ainsi : *Ces déliés se font en soulevant l'angle des doigts sur celui du pouce qui les formera par un subtil et prompt allongement de bas en haut.* Il étoit réservé à Royllet d'in-

diquer un procédé jusqu'alors ignoré. Cet artiste écrivoit supérieurement ; mais étant contemporain de Rossignol, et commençant sa carrière au temps où Rossignol jouissoit de toute la célébrité due à ses rares talens, il crut, en imaginant d'autres principes sur l'écriture que ceux connus, fixer davantage sur lui les regards du public. Il fit un traité sur l'écriture, intitulé : *Les Nouveaux Principes sur l'Art d'Ecrire*, dans lequel M. Saintomer a puisé ceux qu'il nous indique, comme étant les seuls que l'on doive suivre et pratiquer. Rossignol ne prit pas la peine de les combattre ; mais Glachant, l'un de ses élèves, qui a été aussi son ami et celui de sa famille après son décès, les réfuta. Voici ce qu'il dit page 6 de son traité (1) sur le redressement de la main, nécessaire, suivant Royllet, pour former les déliés et les liaisons. *S'il est vrai, c'est ainsi qu'il s'exprime, comme la prétend M. Royllet, qu'il y a une situation de la main pour les déliés, et une autre pour les jambages, il s'en suit que la main ne sauroit faire une seule lettre de l'alphabet sans changer de situation trois ou quatre fois. Dans quel embarras ce système ne jette-t-il pas ? voilà donc la main occupée sans cesse à pencher et à se redresser ; puisque sans cesse il se trouve des déliés et des jambages à produire.*

On voit que jusqu'à cette époque quatre auteurs prouvent l'erreur où est M. Saintomer, en disant que *ceux qui enseignent à tourner la plume sont des ignorans qui ne se sont pas donné la peine de lire un seul traité d'écriture.* Mais si la plupart des artistes ont gardé le silence sur les moyens à employer pour faire passer la plume sur l'angle du pouce, parce qu'ils ne pensoient pas qu'on put en indiquer un autre que celui qui est naturel ; les meilleurs maîtres qui ont donné des traités depuis Royllet, n'ont pas manqué de s'expliquer à ce sujet. Paillasson, auteur de la partie de l'écriture dans le Dictionnaire encyclopédique, dit, page 4 de son ouvrage : *toutes les liaisons et quelques-uns des déliés, sont produits par l'action du pouce, et par l'angle de la plume qui appartient à ce même doigt.*

Dautrepe, dans son traité sur l'art de l'écriture, qu'il a donné en 1760, s'exprime ainsi, page 40 : *la liaison est l'effet du renversement de la plume sur le côté du pouce, opéré par l'action de celui-ci sur la partie du tuyau qui lui est annexée.* J'ai rapporté plus haut ce que dit M. Bedigis sur l'inconvénient qui résulte du renversement de la main en dedans pour exécuter les liaisons. On peut donc rétorquer contre M. Saintomer son propre argument, *que s'il enseigne à ne point tourner la plume dans les doigts, c'est qu'il ne s'est pas donné la peine de lire un seul traité d'écriture.*

Il ne faut cependant pas que le précepte de tourner la plume dans les doigts effraye ceux qui penseroient que la pratique de ce précepte seroit un obstacle à la prompte exécution de l'écriture, puisqu'il ne doit être observé que dans la grosse écriture, qui ne s'emploie que pour

---

(1) Planche 33 de son Traité, qui parut en 1599.

(1) Cet ouvrage, qui parut en 1742, est intitulé : *Nouveau Traité d'Ecriture.*

les titres, et encore dans l'écriture posée et de principes. Pour l'expédition, il y a d'autres règles; la plume est alors tenue plus obliquement dans les doigts, son bec, taillé en forme concourt, avec cette situation, à la formation des déliés, sans avoir besoin ni de redresser la main, ni de tourner la plume, ainsi que l'expliquent les maîtres qui ont donné des traités sur l'écriture.

Voilà ce que j'ai cru devoir dire contre les erreurs avancées par M. Saintomer; aucun autre motif que le soutien des vrais principes de l'écriture ne m'y a porté. Qu'il seroit satisfaisant pour des artistes, animés de l'esprit de leur état, de n'avoir entr'eux que des débats sur leurs différentes manières de voir ! Le résultat conduiroit d'autant plus sûrement à la perfection de leur art, que dans ces débats les égards que l'on se doit réciproquement seroient respectés.

MÉMOIRE
SUR L'ÉCRITURE ANGLOISE,
CONSIDÉRÉE COMME ÉCRITURE CURSIVE.

Lu dans la séance publique de la Société libre d'Institution le 29 Ventôse an 11 (20 Mars 1803).

MESSIEURS,

L'ÉCRITURE est d'une si grande nécessité, les avantages qu'on en retire sont si connus, que ce seroit abuser des momens de l'assemblée si j'analysois ce que tous les jours et en tous lieux l'expérience démontre.

La combinaison des caractères de l'écriture est une des merveilles de l'esprit humain ; isolés, ces caractères ne donnent aucune idée, ils ne présentent rien à l'imagination ; assemblés, ils disent tout ce qu'il est possible de concevoir. C'est dans leur choix, c'est dans la perfection de leurs formes, c'est dans la manière de les assembler que réside l'art de l'écrivain. Cet art est un dessin susceptible de règles, de dimensions données par les grands maîtres, propagées par le bon goût. Il diffère du dessin, proprement dit, en ce que celui-ci, qui est la copie de la nature, en a toutes les proportions. L'écriture en diffère encore par l'exécution ; chez elle cette exécution tient plus de l'habitude que de la réflexion, c'est pourquoi ses caractères s'identifient plus particulièrement à la manière d'être de celui qui la trace ; la disposition de ses organes leur imprime une touche individuelle qui fait un des premiers mérites de l'écriture, dont le propre est de mettre le sceau à nos volontés.

L'écriture peut être belle, agréable à l'œil et remplir parfaitement son objet sans avoir cette grande régularité sans laquelle un dessin n'est pas supportable. Si la pensée, dont elle est la peinture, est exprimée en caractères d'une lecture facile, son but principal est rempli.

Toutes les écritures posées et de principes ont, quel que soit leur genre, l'agrément de ne donner lieu à aucune erreur ; il n'en est pas de même des écritures cursives, ou , par la vivacité du mouvement, les formes s'altèrent et donnent lieu à des équivoques, à des contre-sens. Pour éviter cet inconvénient, il faut choisir une écriture qui réunisse dans la forme de ses lettres, des traits assez distincts pour les empêcher d'être confondus. Jusqu'au commencement du dix-huitième siècle ce choix auroit été difficile, les écritures ronde et bâtarde, les seules usitées en France, étoient alors si défectueuses, par la quantité de traits qui en surchargeoient les caractères, par les entrelacs que la légèreté de la main et le goût du temps avoient introduits dans leur assemblage, que la lecture en étoit presque réservée aux seuls artistes écrivains.

Un abus de ce genre, aussi préjudiciable aux affaires que dangereux pour la tranquillité des familles, porta le parlement de Paris à interposer son autorité pour le faire cesser. Cette cour, par un arrêt de 1632, ordonna aux maîtres écrivains de s'assembler pour former deux alphabets, l'un de l'écriture ronde, l'autre de l'écriture bâtarde , qui, dégagés de traits superflus, seroient à l'avenir les seuls enseignés.

C'est à ce travail qu'est dû la beauté des caractères usités du temps de Colbert et jusqu'au milieu du 18e. siècle, époque où , par l'introduction de la coulée, nos écritures cursives sont devenues illisibles. Les maîtres se sont long-temps refusés à l'enseignement de cette écriture, qui dérive des deux autres; ils craignoient ce qui est arrivé, que les jambages des m et n ne se confondissent avec ceux des i et des u; mais cette écriture tracée par Rossignol eut pour elle l'opinion publique.

Ce grand artiste ne se dissimuloit cependant pas les inconvéniens qui pouvoient naître de la coulée ; il crut les prévenir en formant une petite courbe à la sommité des jambages, ce qui conduisit à une quatrième écriture nommée *Duchesse*.

Le genre de cette écriture étant propre à donner aux doigts la souplesse dont ils ont besoin et à conserver aux *m* et *n* de coulée la distinction qui leur est nécessaire, beaucoup de maîtres l'adoptèrent, elle fut enseignée comme exercice préparatoire, malheureusement les artistes furent contrariés par les parens des élèves, de fausses idées sur l'enseignement de l'écriture prévalurent, la coulée expédiée dégénéra, et dans la plus grande partie des mains tous les jambages ne parurent plus être qu'un assemblage d'*u* voyelles. Souvent un point d'*i*, mal placé, embarrassoit long-temps le lecteur, qui ne parvenoit à son but que par le sens de la phrase.

Le bureau académique d'écriture s'occupa de cet objet. Après de mûres réflexions sur les écarts d'une main qui agit rapidement, il rejeta de la coulée quelques lettres dérivant de la ronde et leur en substitua d'autres qui dérivent de la bâtarde. Dans sa séance publique de 1787 il proposa une bâtarde dont l'exécution aussi prompte que celle de la coulée n'en a pas les inconvéniens. Sa proposition fut accueillie, des lettres qu'il reçut de toutes les parties de la France et pour lesquelles on employa cette écriture, prouvèrent le besoin qu'on en avoit.

Ce corps académique ne prévoyoit pas alors que ce succès ne seroit qu'éphémère, que l'anglomanie s'étendroit jusque sur l'écriture. Les caractères anglois, représentés au burin au bas des estampes, flatèrent les anglomanes assez nombreux en France. Des convenances portèrent les banquiers à adopter l'écriture angloise ; de leur correspondance elle est passée dans le commerce ; les jeunes gens, amateurs de nouveautés, la préférèrent, et les peintres, en l'employant sur les enseignes, ajoutèrent encore au ridicule de sa configuration.

Pour savoir à quoi s'en tenir sur cette écriture, il est bon d'observer qu'elle diffère peu de la bâtarde pratiquée en France avant la réforme du dix-septième siècle ; les changemens que les anglois y firent, loin de la rendre plus lisible, ne servent au contraire qu'à augmenter les difficultés de sa lecture. Les *p* qui y excèdent la sommité des autres lettres, excédoient de même dans notre ancienne bâtarde, avec cette différence que cet excédant étoit bouclé et qu'il est droit à présent, ce qui forme un inconvénient de plus ; car une partie droite dépassant la sommité et la base des lettres, au milieu de laquelle est la dernière partie d'une *n*, peut être aussi bien prise pour une *h* que pour un *p*, suivant que cette partie droite se trouve plus ou moins allongée par le haut ou par le bas. Les *r* de bâtarde qui, suivant le principe, doivent avoir leur dernière partie courbée comme le sont, à leur sommité, les deux derniers jambages d'une *m*, de laquelle partie sort quelquefois un trait pour lier ces *r* aux lettres

suivantes, sont, dans l'écriture angloise, formées d'un jambage et d'une espèce de *c*, dont l'étendue est aussi grande que la partie principale de la lettre. Les têtes et les queues à peine marquées en certains endroits, très-fortement en d'autres, les boucles et ornemens qu'on ajoute à plusieurs, toutes ces choses, qui sont originales et d'un mauvais goût dans une écriture peinte, ou dans des caractères burinés, ont de plus, dans l'écriture cursive, le défaut d'être inintelligibles. Eh ! c'est en France, dans le pays qui posséda le plus grand artiste écrivain de l'Europe, dont les ouvrages furent en grande partie enlevés par les étrangers, par les anglois mêmes, c'est en France, dis-je, que l'on veut substituer aux belles formes de cet artiste, des caractères dont la configuration est aussi vicieuse que leur usage est préjudiciable à la lecture.

De tous temps on a admiré les caractères majuscules romains par l'avantage qu'ils ont de pouvoir se placer entre deux parallèles horizontales, les amateurs de la typographie et ceux qui savent juger du mérite des choses, ont paru désirer que le même avantage put s'étendre aux caractères minuscules et à ceux tracés à la plume ; parce que les écritures cursives seroient plus régulières, plus tondues, plus nettes, les têtes et les queues ne nuiroient plus à la lecture par leur engagement dans d'autres lignes. Ah ! quelle différence entre cette manière de voir et le goût prononcé de ceux qui adoptent l'écriture angloise, où l'on crée des têtes et des queues à des lettres qui n'en exigent pas dans nos écritures. C'est ainsi qu'on travaille à nous ramener au point où l'on étoit au commencement du dix-septième siècle, à ce temps où les écritures cursives étoient indéchiffrables, à ce temps où le premier parlement de la nation crut devoir s'occuper d'en rétablir la lisibilité.

Un autre inconvénient que fournit l'écriture angloise : inconvénient que n'avoient pas les caractères du 17e. siècle, provient de la coupe de la plume en usage pour cette écriture. Pour nos anciens caractères le bec de la plume avoit du corps, cet instrument étoit à la vérité plus incliné du côté du pouce que pour nos écritures actuelles, ce qui portoit le plein parfait plus aux extrémités de la lettre ; mais quelle que soit sa position ce plein étoit naturel ; aujourd'hui, par l'adoption d'une plume très-fendue et très-fine, le plein ne se forme que par l'écartement des deux parties de son bec, à raison du degré d'appui qu'on employe, en sorte que tous les traits ascendans des lettres qui, dans nos caractères, représentent un plein, ne sont, dans l'écriture angloise, formés que par des déliés. L'*o*, par exemple, où sont deux pleins courbes, l'un tracé en descendant, l'autre en remontant, n'a qu'un plein dans l'écriture angloise, et si, par l'incapacité de la main ou par la vivacité du mouvement, ce plein est droit au lieu d'être courbe, la lettre se confond d'autant plus aisément avec un *i*, que sa seconde partie n'étant qu'un délié paroît être la liaison de cet *i* à la lettre suivante. Que ce fait arrive sur un nom propre où le sens de la phrase ne peut être d'aucun secours, comment le lecteur se tirera-t-il de cet embarras ? Dans une infinité de circonstances la substitution d'un délié à un plein peut donner lieu à la méprise, à la confusion des caractères, et ce défaut est un des plus grands que puisse avoir l'écriture, où, pour l'intelligence des actes, pour la sûreté de ceux qui contractent, la plus parfaite précision est nécessaire.

Ces vices et une quantité d'autres de même genre que renferme l'écriture angloise, sont d'une importance trop majeure pour ne pas provoquer le retour aux beaux caractères dont nos grands maîtres nous laissèrent tant de modèles ; l'intérêt d'un art, dans lequel nous avons le premier rang parmi les nations de l'Europe, doit encore nous y déterminer. L'écriture angloise d'ailleurs n'est belle qu'au burin et quand elle est tracée avec soin, d'une grosseur propre à faire sortir les pleins qui flatent les amateurs de cette écriture. Pour l'exécuter, il faut varier continuellement l'appui sur le bec de la plume, ce qui exige une main consommée et parfaitement orga-

nisée ; or comme il en est tant à qui ces qualités manquent, où peut donc conduire le goût pour une écriture dont toute la beauté ne réside que dans le toucher, le *nec plus ultrà* de l'art: toucher que les artistes seuls connoissent, qu'ils n'ont acquis que par un travail dont personne ne s'occupe ? Peut-on se dissimuler que l'écriture angloise, dénuée de ce toucher, n'ajoute pas au ridicule de sa configuration le principe destructeur des belles écritures, par la roideur et la dureté que les différens degrés d'appui rendent inévitables ? Sous tous les rapports notre bâtarde expédiée doit lui être préférée, la forme de ses caractères est aussi belle que son toucher est soutenu et agréable. C'est le vœu des artistes qui voyent avec peine le mauvais goût dominer ; ce doit être celui des personnes qui réfléchissent, de ceux qui sentent combien il importe que toutes les parties de l'écriture: art qui ajoute à l'existence de l'homme par les relations qu'il lui procure, soient tellement caractérisées, qu'il n'en puisse résulter ni erreur ni confusion.

MÉMOIRE

SUR LES VRAIS PRINCIPES DE L'ÉCRITURE

ET DE LA VÉRIFICATION DES ÉCRITURES.

Lu dans la séance publique de la Société libre d'Institution le 9 Floréal an 12 (29 Avril 1804).

MESSIEURS,

Si l'Écriture, considérée comme art, est digne de fixer votre attention, par sa simplicité et les beautés qu'elle contient, par ses contours vifs et gracieux, son plus grand avantage, pour tous les hommes, réside dans la facilité de son exécution, dont un des effets principaux est la *lisibilité*. Sans cette lisibilité tous les intérêts se trouvent compromis. C'est pour la procurer et la conserver dans les écritures cursives que nous nous sommes élevés l'année dernière contre l'écriture anglaise, qui devient illisible lorsqu'elle est expédiée. Le danger qu'il y auroit aujourd'hui que certaines idées destructives des vrais principes de l'art ne s'accréditassent, est ce qui va nous occuper.

Un auteur, dont l'intérêt public nous oblige de combattre les opinions, après avoir dit, dans une critique de la partie de l'écriture qui est dans l'Encyclopédie, que ce n'étoit point assez que le bon goût eût fait éclore les formes les plus élégantes, et que l'adresse les eût exécutées d'une manière qui étonne, s'exprime ainsi à la fin de sa critique : *Il est à conclure*, dit-il, *que l'on n'a point encore déterminé les vraies situations de la plume, propres à chacune des écritures posées ; que l'on n'est point d'accord sur les proportions justes et précises qui conviennent à ces mêmes écritures et qui en constituent les différences ; que la sorte de régularité que l'on apperçoit dans les ouvrages des maîtres anciens et modernes, est seulement l'effet de leur goût et de leur dextérité ; que leurs mesures n'ont été que des à-peu-près et conséquemment insuffisantes ; que tout ces vides sont à remplir par les écrivains, s'ils veulent que leur talent soit mis au nombre des arts.* Quelques lignes plus bas il ajoute, pour démontrer ce qu'il avance, *que les planches de l'Encyclopédie sont imparfaites, qu'elles ne peuvent servir de modèles, et qu'on peut, le compas à la main, s'assurer de leur irrégularité.*

Quoique l'écriture, Messieurs, soit un art, quoique dans tous les arts les chef-d'œuvres soient assujettis à des proportions dont il n'est pas permis de s'écarter, nous nous garderons bien, pour relever le mérite du nôtre, de le croire susceptible de la même régularité : nous nous éléverons toujours contre ceux qui avanceront que c'est avec le compas qu'on doit juger de la perfection d'une écriture.

Le peintre et le sculpteur, qui ont pour base la nature, doivent être asservis aux proportions qu'elle a prescrites ; sans cette exactitude, il n'y auroit point de vraisemblance dans leurs ouvrages, le charme de l'illusion n'existeroit pas. L'écriture, au contraire, n'a nulle base dans la nature, ses formes sont idéales et ses proportions, purement conventionnelles, sont le résultat des observations des artistes, qui ont réduit en principes les lettres qui ont paru les plus élégantes et réunir tous les suffrages. L'étendue en hauteur, en largeur qu'ils ont assignée à chacune, n'a jamais eu pour objet d'asservir la main à la parfaite exactitude de ces proportions ; mais seulement de fournir des moyens, ou d'obtenir les belles formes, ou de s'en rapprocher, quand, par le feu de la main, on s'en seroit trop éloigné. Voilà à quoi tendent les proportions établies pour la forme, les dimensions et les distances des lettres. Des productions manuelles qui fixent la pensée, et dont un des premiers avantages est la célérité, ne peuvent être considérées d'une autre manière. L'écriture est la peinture de la parole, et lorsque cette parole est représentée d'une manière agréable à l'œil, qu'elle est tracée avec fermeté, avec la vivacité que le besoin exige, qu'elle ne donne lieu à aucun embarras, à aucun contre-sens, son objet est rempli.

Les caractères posés, quoique plus susceptibles d'une semblable rectitude, dans leurs proportions, seroient toujours d'un foible mérite aux yeux des connoisseurs, quelque justesse qu'ils puissent avoir, si les effets de la plume étoient mal sentis, foiblement exprimés. C'est en ceci que réside le talent de l'artiste. Le toucher, que ne connoissent point ceux qui relèvent comme fautes de légères différences dans la hauteur, dans la largeur, dans les distances des lettres, est ce qui constitue l'art : c'est de lui que dépendent ces pleins naissans et finissans, dont les gradations augmentatives et diminutives forment le charme de l'écriture. Russignol, dont les productions ont étonné l'Europe par leur légèreté, leur douceur, leur régularité, perdroit, en un instant, la réputation qu'il a justement méritée, si l'on vouloit juger ses ouvrages le compas à la main.

Eh ! comment, dans un siècle aussi éclairé que le nôtre, peut-on se permettre de pareilles réflexions ! Ne doit-on pas sentir que si la main la mieux exercée étoit asservie à la rigueur des proportions géométriques, il seroit impossible qu'elle produisît ces contours moëlleux, ces traits vifs et bien exprimés que procure le jeu méthodique des organes du mouvement. Il ne doit donc y avoir que des à-peu-près dans les proportions des lettres, et ce sont ces à-peu-près dont notre critique se plaint, qui contribuent à la beauté de l'écriture. Le bon goût a senti que les principes en devoient être flexibles, et mêmes les formes ; et c'est le secret de cette adresse, de cette exécution qui étonne.

Ne croyez cependant pas, Messieurs, que l'art d'écrire n'ait point de principes déterminés. S'il est dans la nature des choses que les principes relatifs aux proportions des lettres ne soient que des à-peu-près purement conventionnels, il n'en est pas de même de ceux qui constituent l'art ; ceux-ci embrassent la tenue de la plume et ses effets, la position de la main, son dégagement, l'influence que chaque doigt a dans l'acte d'écrire, enfin le mouvement, d'où résulte le toucher, qui est le complément de l'art. Ces principes ont pour base la nature du mouvement, ils sont invariables comme leur cause, et c'est leur pratique, modifiée par les dispositions individuelles, qui a fait naître ces chefs-d'œuvres sortis des mains des Barbedor, des Alais, des Sauvage, des Rossignol, des Michel, des Royllet, des Gallemant, des Roland et des Hénard, lesquels ont fait et feront toujours l'admiration de ceux qui, capables de connoître, de distinguer le beau, ne s'attachent point, comme notre critique, à des minuties si propres à enchaîner les talens et dont l'exécution est physiquement impossible.

Si les observations de ce critique pouvoient prévaloir dans l'opinion publique ; si, pour le malheur de la société, l'ouvrage qu'il annonce devoir remédier aux vices dont il se plaint, et qui, d'après cette annonce, doit contenir, par le secours de la géométrie élémentaire, des mesures déterminées pour la construction de chaque lettre, des dimensions pour exécuter les formes, et des modèles les plus exacts ; si un ouvrage de ce genre pouvoit avoir du succès, s'il étoit possible de le mettre en pratique, nos écritures n'offriroient plus que des caractères froids, languissans, servilement imitatifs, dont le danger seroit de donner aux faussaires des facilités que leur refusent les traits vifs et animés des écritures actuelles.

Il y a donc, Messieurs, dans l'art d'écrire, deux sortes de principes, les uns déterminés par la nature des organes, les autres conventionnels. Ceux-ci varient suivant la manière de voir des différens maîtres ; et loin que ces variations soient nuisibles, elles sont nécessaires, parce qu'elles contribuent à particulariser les productions de chaque individu. Il est aisé de sentir que l'écriture servant à mettre le sceau aux volontés des hommes, il y auroit du danger si tous la configuroient de la même manière. Ces différences, et celles que la nature met dans les diverses dispositions des agens du mouvement, forment le sujet des réflexions de l'artiste. C'est en méditant sur les causes de toutes ces différences, qu'il parvient à distinguer les productions naturelles de celles qui sont simulées ou imitées, et c'est dans cette distinction que réside l'art de la vérification des écritures.

Cet art si utile, si nécessaire même à la tranquillité des familles ; cet art à l'ombre duquel reposent l'honneur et la fortune des citoyens de tous les rangs, de toutes les conditions, est jugé bien différemment par nous que par le public, et cela n'a rien qui doive étonner. Pour juger d'une chose il faut la connoître, et ce que nous venons de dire, pour répondre au critique qui veut que toutes les lettres aient l'exactitude que donne le compas, prouve que peu de personnes connoissent les beautés de l'écriture, encore moins le jeu des organes employés à la tracer. Ceux mêmes qui prétendent avoir des connois-

vances sur l'écriture, parce que leur état les oblige à
en faire un usage continuel, n'ont en général que
de l'habitude, la plupart ne jugent de sa beauté, ou
de sa défectuosité, qu'en examinant si elle est bien
alignée, si ses distances sont bien observées. L'artiste
ne s'arrête pas à ces objets, il ne les méprise point;
mais il leur préfère un toucher ferme sans dureté, doux
sans foiblesse, des pleins parfaits dont les gradations
croissantes et décroissantes sont filées sans appui, bri-
sures ni cassures; il cherche les effets naturels de la
plume, l'expression de ses deux angles dans les pleins,
celle de l'angle du pouce dans les liaisons et la rentrée de
ces deux mêmes angles sur une seule ligne dans les déliés;
enfin il ne veut rien de gêné dans l'action de chacun des
agens du mouvement, qui sont le pouce, les doigts, la
main, le poignet et l'avant-bras; il distingue, par les
effets, la prépondérance que les uns ont sur les autres.
Ce sont toutes ces choses qui déterminent le jugement
que l'artiste porte sur une écriture soumise à son examen;
et comme elles sont susceptibles d'une infinité de nuances,
dans les productions de divers individus, c'est à l'artiste,
qui s'est habitué à les distinguer, qu'appartient le
titre de vérificateur : lui seul, Messieurs, peut donc
apprécier cet art; et l'on ne doit pas être surpris de
le voir penser différemment à son sujet que celui qui,
n'ayant qu'une pratique machinale de l'écriture, croit
que la vérification ne consiste que dans le rapproche-
ment de diverses écritures, pour analyser dans les unes et
dans les autres, les lettres qui sont configurées différemment ou de la même manière. Nul doute que si la vérification n'avoit pour objet qu'une opération de cette
nature, on ne dût se mettre en garde contre ses décisions,
puisque le premier soin de celui qui imite est de configurer

ses lettres comme celles qui lui servent de modèles.

La ressemblance des lettres, ou leur différence, n'est
donc point ce qui établit l'identité ou la diversité d'auteurs, il faut que l'expert remonte à la cause qui y donne
lieu, c'est ce qu'il fait, c'est ce que l'on feint de ne pas
entendre, et c'est ce qui lui attire, de la part des jurisconsultes, des reproches d'impéritie. Comme on ne veut
pas que les connoissances de l'expert s'étendent au-delà
des ressemblances ou des différences dans la configuration,
on ridiculise son style, on relève ses expressions, on
leur donne des sens forcés pour les mettre en opposition
entr'elles : heureux encore, quand, après avoir obéi aux
vœux d'une conscience pure, on ne cherche pas à
donner de lui une opinion contraire.

Quel danger ne courroient pas les experts les plus
honnêtes et les plus habiles, quelles atteintes ne porte-
roient pas à la réputation la plus intacte et la mieux
établie, les écrits des jurisconsultes, si les magistrats et
le public n'étoient pas persuadés que tout, dans ces
écrits, est relatif aux circonstances, et que tel jurisconsulte qui, aujourd'hui, emploie ses talens à déprimer
l'art et les artistes, sera celui qui, le lendemain, fournira,
pour leur défense, les raisons les plus persuasives ?

Qu'il seroit satisfaisant pour nous, Messieurs, si cette
conviction pouvoit, en réprimant l'audace des faussaires
enhardis par les écrits des jurisconsultes, arrêter la main
téméraire des perturbateurs entreprenans ! Notre satisfaction seroit à son comble, si nos travaux, par leur
utilité et le motif qui les fait naître, méritoient vos
suffrages et vos applaudissemens.

OBSERVATIONS SUR LES AGENS DE L'ÉCRITURE.

Le pouce, l'index et le doigt majeur sont les agens
principaux de l'écriture. Les agens secondaires sont les
deux autres doigts, la main, le poignet et l'avant-bras.
Sans le concours de toutes ces parties on ne peut obtenir
une belle écriture.

Il faut, par des exercices soutenus, que les muscles
fléchisseurs et extenseurs des agens principaux soient
bien disposés, et que les agens secondaires acquièrent
l'habitude des mouvemens qu'exige l'écriture.

Les figures propres à exercer les agens principaux sont
les carrés, les lignes courbes et les lignes mixtes.

Les carrés apprennent à bien poser les deux angles du
bec de la plume sur le papier, à en fixer la tenue dans
la situation propre au degré d'obliquité convenable à
chaque caractère. Ils exercent les doigts aux quatre
actions principales; au dégagement sur la droite et sur
la gauche (1ere. et 3e. actions), à la flexion et extension
(2e. et 4e. actions).

Comme il seroit difficile de faire exécuter aux enfans,
de l'action des doigts, les deux tranchans du carré, ils
les exécutent d'abord du transport de la main, ainsi que
cela se pratique généralement pour tous les tranchans
d'une certaine étendue.

Les lignes courbes et mixtes disposent au mouvement
qu'exige le passage, par gradations augmentatives, du
tranchant de la plume au plein parfait, et de celui-ci,
au tranchant de la plume, par gradations diminutives.
Elles contribuent au perfectionnement de la tenue de la
plume, en obligeant à la maintenir dans une même
situation.

Les exercices pour les agens secondaires sont, à l'égard
de la main et des deux derniers doigts, une continuité
de carrés et d'm, et, à l'égard des autres agens, des
lignes spirales et des ovales, lesquels procurent le mouvement circulaire, qui est l'ame de l'écriture.

Si ces agens ne sont pas bien disposés par des exercices, il en résulte les effets suivans.

La roideur des agens principaux donne lieu à des mutations qui dénaturent les pleins et les déliés ; elle donne lieu aussi à des angles dans les parties courbes, à des cassures dans les pleins. Le défaut de dégagement des deux derniers doigts , fait renverser la main en dehors; les caractères deviennent alors plus penchés à la fin des mots qu'au commencement ; il y a des loches ou égratignures à la droite des pleins. Les deux derniers doigts trop portés sur la droite font redresser la main en dedans , ce qui rend les caractères plus perpendiculaires à mesure qu'ils avancent sur la ligne. Cette position occasionne encore des loches ou égratignures, non à la droite des pleins ; mais à leur gauche. Le défaut de mouvement du poignet et de l'avant-bras , dans les parties qui exigent le concours de ces agens, rend les pleins mats et languissans. Pour les mêmes parties l'action de ces agens, sans le concours des doigts, donne lieu à des angles dans les courbes , notamment dans les rosettes et autres petites boucles qui entrent dans la composition des traits.

L'appui sur le bec de la plume , que l'on nomme *toucher*, est en raison du jeu de tous ces agens ; il est bon quand il est l'effet de leur ensemble dans l'action du mouvement ; il est dur et pesant par le défaut d'accord de toutes ces parties. Le toucher est ce que le maître ne peut donner à ses élèves ; c'est ce que ne connoissent pas ceux qui s'annoncent pour enseigner à écrire dans un court espace de temps : la pratique seule de tous les exercices le procure. La main qui est parvenue à sentir le point intermédiaire entre le trop d'appui et le trop de légèreté, est celle qui sait écrire. Alors avec une plume, le bec un peu plusfort que celle n°. 2, planche 2 , cette main formera six à sept sortes de caractères, depuis ceux de la petite minute jusqu'à ceux de la hauteur d'un centimètre, ou quatre lignes , et tous ces caractères paroîtront avoir été tracés avec des plumes coupées pour chaque grosseur, sans qu'il y ait ni plein forcé ni brisure.

Pour obtenir cette perfection dans le *toucher* , les anciens maîtres faisoient beaucoup de modèles de passes, qui sont des entrelacs au moyens desquels on assemble plusieurs mots d'un mouvement continu , sans détacher la plume du papier. L'utilité de ces passes réside dans le besoin où l'on est d'avoir toujours l'avant-bras légèrement posé sur la table , afin de pouvoir passer de suite du caractère qui n'exige que le petit mouvement, à celui qui demande le grand mouvement. Ce procédé est bon ; mais le fréquent emploi des passes nuit à la lecture ; de l'habitude que l'on en prend il arrive souvent que pour avoir occasion de faire un beau trait on place une lettre capitale ou une lettre majuscule au milieu d'un mot. C'est un ridicule que l'on reproche avec fondement aux anciens maîtres. C'est pour l'éviter qu'il n'y a presque point de passes dans cet ouvrage. Les planches 4 et 5 y suppléent d'autant mieux qu'elles produisent le même effet, pour la liberté , et que les passes n'ont aucun autre objet d'utilité.

AUTRES OBSERVATIONS,

Extraites des Mémoires du ci-devant Bureau Académique d'Écriture (*).

Tout ce qui peut contribuer à l'élégance des caractères , à leur distinction entr'eux , à la facilité de leur exécution , fait le sujet principal des séances du Bureau. L'*r* finale formée d'un *i* et de la dernière partie de l'*o*, prend presque toujours, dans l'expédition , la forme d'un *o*. Le sens de la phrase éclaire quelquefois le lecteur ; mais lorsqu'il s'agit de noms propres inconnus, l'erreur est inévitable. Cette forme irrégulière et trompeuse doit être absolument bannie de l'écriture cursive. Le Bureau a arrêté de substituer à cette forme celle de l'*r* usitée dans l'écriture italienne ou bâtarde, laquelle ne diffère que par sa pente du caractère d'imprimerie , dont la forme est agréable et facile à exécuter.

Les lettres *i* et *u*, voyelles et consonnes, ont besoin d'être distinguées en raison de leurs divers services. Depuis plus d'un demi-siècle ces deux lettres ne se confondent point dans les caractères d'imprimerie. Dans l'écriture on est assez généralement d'accord sur la forme de ces lettres , quand elles sont minuscules ; mais lorsqu'elles sont employées comme capitales ou majuscules , leur forme a été jusqu'à présent arbitraire. La nécessité de rendre la lecture des manuscrits plus facile , a fait un devoir au Bureau de s'occuper de cet objet ; il a décidé que l'*i* majuscule ou capital , voyelle , devoit toujours être placé au niveau de la base des lettres minuscules et passer au dessous lorsque cette lettre est consonne. Il a pareillement décidé que l'*u* voyelle majuscule ou capital , devoit être arrondi à sa base, tandis que l'*u* consonne capital devoit être angulaire ou bouclé (Mém. de 1780).

Une méthode vicieuse qui s'est accréditée sans examen , par le desir qu'ont certains maîtres d'exercer les doigts de leurs élèves , est celle qui tend à leur faire faire des caractères d'une grosseur extraordinaire. Cette grosseur, dont il ne pourroit résulter aucun inconvénient si toutes les lettres pouvoient être renfermées entre deux lignes parallèles horizontales, nécessite le mouvement de l'avant-bras, lorsqu'il s'agit de tracer des caractères qui s'étendent au dessus et au dessous de ces parallèles. Comme l'espace à parcourir, pour ceux-ci, est deux ou trois fois plus grand que pour les autres lettres, les élèves ne s'en acquittent qu'avec peine. Les doigts, au lieu de devenir plus souples, par cet exercice, s'entretiennent dans leur roideur , qui augmente plutôt que de diminuer, à cause du degré de force qu'on est obligé d'employer pour maintenir la plume dans la situation convenable. Il est donc nécessaire d'adopter un caractère d'une hauteur moyenne, qui puisse permettre aux doigts de tracer toujours les lettres minuscules sans le secours de l'avant-bras. Cette hauteur, d'après les grands artistes qui nous ont précédés , ne doit pas excéder le quart de pouce (Mém. de 1782).

(*) Ces Mémoires ont été lus dans les séances publiques des années 1780 et 1782 ; par l'Auteur, en qualité de secrétaire perpétuel de cette académie.

TABLE ALPHABÉTIQUE *Des termes et principes de l'art contenus aux mémoires et planches.*	NUMÉROS DES PAGES DES MÉMOIRES.		NUMÉROS DES PLANCHES.
	Iere. COLONNE.	IIeme. COLONNE.	
ACCOLADES, traits servant à réunir ou à séparer des parties.			3. 4. 5. 21.
ACTIONS, celles principales du mouvement.	10. 13. 28.		4. 5. 6. 11.
AGENS principaux et secondaires de l'écriture.	13. 20. 28.	10. 13. 27. 28.	4.
ALIGNEMENT, la distance des lignes doit être de 3 à 4 corps d'écriture, pour éviter que les têtes et queues se croisent.	14. 28.	21. 25.	
ANGLES de la plume et dans les pleins courbes.	23. 28. 29.	13. 18. 22. 23.	2. 4. 22.
ANGLOISE, écriture étrangère, devenue écriture de goût.	25. 26.		22.
ASSEMBLAGE des caractères alphabétiques.	24. 25.	13.	6. 13.
AVANT-BRAS, comment il doit agir et être placé.	14. 28. 29.	18. 29.	8.
BATARDE-COULÉE.	25.	8. 26.	3. 19.
BEC DE LA PLUME.	18. 24. 26. 28.	22. 25. 29.	2. 4. 6. 7. 11. 12.
BRISURES ou CASSURES, pleins mal gradués.	28. 29.	13. 29.	22.
CARRÉ, figure d'où dérive les lettres.	13. 20.	13. 18.	4. 5.
CORPS, comment il doit être posé; Corps d'écriture.	14.		13. 15.
DÉFAUTS dans les effets de la plume.	28. 29.	29.	22.
DÉGAGEMENT de la main et des deux derniers doigts.	18. 29.	12. 13. 16. 28.	3.
DÉLIÉS formés du tranchant de la plume et de l'angle de la plume du côté du pouce.	13. 23. 28.	22. 23. 25. 28.	3. 4. 5.
DISTANCES des lettres et des mots.	27. 28.		6. 13.
DOIGTS, comment ils doivent agir et être tenus.	13. 14. 18. 28. 29.	13. 14. 16. 18.	3. 4. 5. 18.
DUCHESSE, écriture cursive propre à servir d'exercice.	25.		22.
ÉCRITURES diverses, sous le rapport de leurs services.	12.		
EFFETS DE LA PLUME.	13. 27. 28. 29.	13. 19.	4. 6. 11.
ÉTAT ou tableau à l'usage de la finance.			21.
EXERCICES, du mouvement simple, ou petit mouvement.	13. 14.	12. 16. 18. 21.	4. 5.
EXERCICES du mouvement mixte, ou grand mouvement.	13. 14. 20.	14. 16. 21. 28.	4. 10. 16.
EXPÉDITION, écriture cursive.	24. 25. 26.	24. 25.	22.
EXPERT, vérificateur d'écritures.	7. 10. 28.	11. 28.	
FORME des lettres.	13. 18. 20. 25. 27.	14. 18. 19. 24. 25. 27.	6. 11.
GRADATIONS des pleins.	27. 28.	8. 28.	
HABITUDES.	16. 24. 28.	10. 11. 13.	
LETTRES radicales et minuscules.	14.	13. 18. 25.	4. 6. 11.
LETTRES majeures ou majuscules et lettres capitales.	14.		9. 10. 14. 16.
LIAISONS ou déliés formés d'un seul angle de la plume.	13. 23. 28.	10. 22. 23. 25.	3. 4. 6. 11. 19.
LIGNES droites, courbes, mixtes et spirales.	13. 14. 18. 20. 28.	13. 14. 18. 28.	4. 5.
MAIN, sa position et son action.	8. 14. 18. 23. 27. 28. 29.	13. 18. 19. 23. 28. 29.	3. 18.
MOELLEUX des courbes et du toucher.	27.	8. 10. 21.	
MOUVEMENT et ses organes.	10. 13. 14. 20. 24. 27. 29.	8. 9. 10. 12. 16. 27. 29.	4. 5.
OBLIQUITÉ de la plume dans sa coupe et sa tenue.	24.	25.	2. 3. 4. 5.
PAPIER, comment il doit être placé devant soi.			15.
PAPIER à la serpente, son utilité.	20.		
PASSES, espèces d'entrelacs servant d'exercice.	7.	24. 29.	15. 20.
PENTE des écritures bâtarde et coulée.			12. 17.
PLEIN de la plume, ses gradations et ses défauts.	27. 28. 29.	22. 25. 26.	4. 6. 11. 22.
PLUME pleine et PLUME à deux becs.	13. 18. 23. 24.	19. 22.	2. 4. 6. 11.
POIGNET.	28. 29.	13. 14.	
PRINCIPES de l'art d'écrire et de la vérification des écritures.	8. 12. 27.	7. 8. 12. 23. 27.	4. 6. 11. 20.
PRINCIPES des lettres.	12.	9. 13. 27.	6. 11. 20.
PRODUCTIONS naturelles et productions simulées.	10. 11.	10. 27.	
PROPORTIONS des caractères de ronde, bâtarde et coulée.	26. 27.	8. 13. 25.	6. 7. 11. 12. 17.
SITUATIONS de la plume.	23. 26 28.	23. 28.	3. 6. 10. 11. 16.
SUPERPOSITION, manière de calquer.	11. 20.		
TAILLE de la plume.		14.	2
TENTE de la plume.		13. 14. 18. 28.	3.
TÊTE, comment elle doit être tenue.			15.
TOUCHER, touche ou appui sur le bec de la plume.	11. 22. 27. 28. 29.	18. 26. 27. 29.	
TRAITS.	7. 14. 18. 27.	14. 24. 27. 29.	
VÉRIFICATION des écritures.	8. 10. 28.	9. 11. 27. 28.	

ERRATA. Page 22, première colonne, ligne 33, *fondé*, *lisez* forcé.

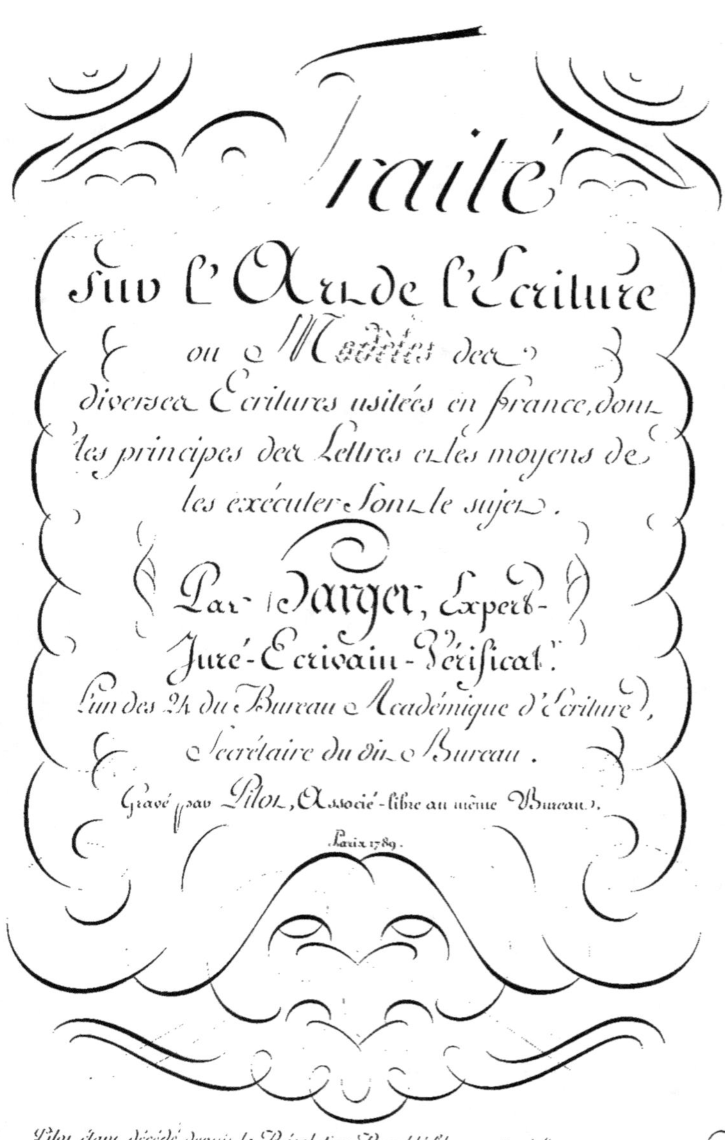

Traité
sur l'Art de l'Écriture
ou Modèles des
diverses Écritures usitées en France, dont
les principes des Lettres et les moyens de
les exécuter Sont le sujet.
Par le Sarger, Expert-
Juré-Écrivain-Vérificat.
l'un des 24 du Bureau Académique d'Écriture,
Secrétaire du dit Bureau.
Gravé par Pilot, Associé-libre au même Bureau.
Paris 1789.
Pilot étant décédé depuis la Révolution, Beaublé fils a continué l'ouvrage.

Instruction sur la taille de la plume.

Le canif se meut par les quatre doigts qui l'embrassent, et pour donner de la fermeté à l'action on appuie le pouce sur l'extrémité du doigt majeur gauche.

Il faut se servir du milieu de la lame pour les ouvertures du tuyau de la plume, ainsi que pour la dernière coupe du bec, et du bout de la lame pour évider les côtés de la fente, qu'on nomme Carnes.

Pour la fente, on fait d'abord, avec le tranchant du canif, une petite entaille au milieu de l'ouverture du dos de la plume, on y présente ensuite la carne du manche duquel on se sert comme d'un lévier, et afin que la plume ne se fende pas trop on la tient ferme avec le pouce gauche.

Avant de donner le dernier coup de canif, pour lequel la lame, dirigée en biais, doit être perpendiculaire sur son tranchant, on ôte au bout du bec environ un tiers de l'épaisseur du tuyau, à l'effet de rendre plus fins les déliés qui forment les première et troisième parties du carré, et ceux qui, dans tous les caractères, leur sont parallèles.

Les petites fentes de la plume à deux becs se font avec des ciseaux fins ou avec la pointe du canif, la plume étant alors posée horizontalement sur la table.

Pour évider cette plume aux côtés intérieurs des petites fentes, on présente la lame par le dos dans la fente du milieu.

Pour les écritures tracées posément on suit, au degré de grosseur qui convient, le modèle N° 1. Le bec est d'environ deux lignes de long, l'angle du côté du pouce est plus gros et plus long, parce qu'il porte seul sur le papier pour produire les liaisons.

Pour les écritures expédiées, qui s'exécutent sans aucune mutation de plume, on suit, ainsi que pour les lettres capitales et les traits, le modèle N° 2. Les deux angles y sont égaux et l'on diminue un peu moins l'épaisseur du tuyau à l'extrémité de son bec.

Le modèle N° 3 est celui de la plume à deux becs, dont l'usage donne la connaissance des effets de la plume pleine.

Barger.   Beaublé sc.

Position et dégagement de la main.
Tenue et situation de la plume.

En laissant tomber la main naturellement sur la table elle se trouve placée comme il convient, il y a un jour entre la racine du petit doigt et le papier propre à y passer un tuyau de plume. Le poignet ne se jète ni en dehors ni en dedans, il est sans aucune roideur. La main ainsi posée, les doigts le sont comme l'exige la liberté de l'écriture. L'extrémité du pouce à la droite de la plume vis à vis la dernière jointure du doigt majeur, lequel la soutient de l'autre côté. Entre l'angle de chacun de ces doigts et la plume il y a un espace d'environ un millimètre ou une ligne au plus. L'index placé sur le dos de la plume, laquelle le coupe diagonalement jusqu'au milieu de sa première phalange, donne par son action de la fermeté et du moëlleux aux caractères. C'est par une petite flexion du pouce que la plume tourne de son côté pour ne porter que sur l'angle destiné à produire les liaisons. Les deux derniers doigts, posés l'un et l'autre sur le papier et détachés des premiers à leur extrémité, les soutiennent et se dégagent sur la droite à mesure que la ligne avance. Pour exécuter ce dégagement la main se repose sur le bec de la plume à la sommité ou à la base des parties droites.

Plumes pleine et à deux becs.			Plume à traits.		
1ere	2e	3e	1ere	2e	3e
à face	oblique	de travers	à face*	de travers	inverse

La 1ere, où les deux angles de la plume sont placés sur la ligne horizontale, et la 3e où ils sont placés sur la ligne perpendiculaire, ne servent que pour quelques lettres, ou parties de lettres.

La deuxième situation, où les deux angles sont placés sur une ligne oblique, est usitée pour tous les caractères, avec plus ou moins d'obliquité.

Tous les traits se font de la 2e situation. Les lettres capitales s'exécutent des trois situations, elles sont indiquées dans les alphabets, planches X et XVI par les chiffres 1. 2. 3.

* Cette situation n'est pas de rigueur, la plume est tenue un peu obliquement.   Beaulté fils.

Position et dégagement de la main. Tenue de la plume.

Situation de la plume et leur usage.

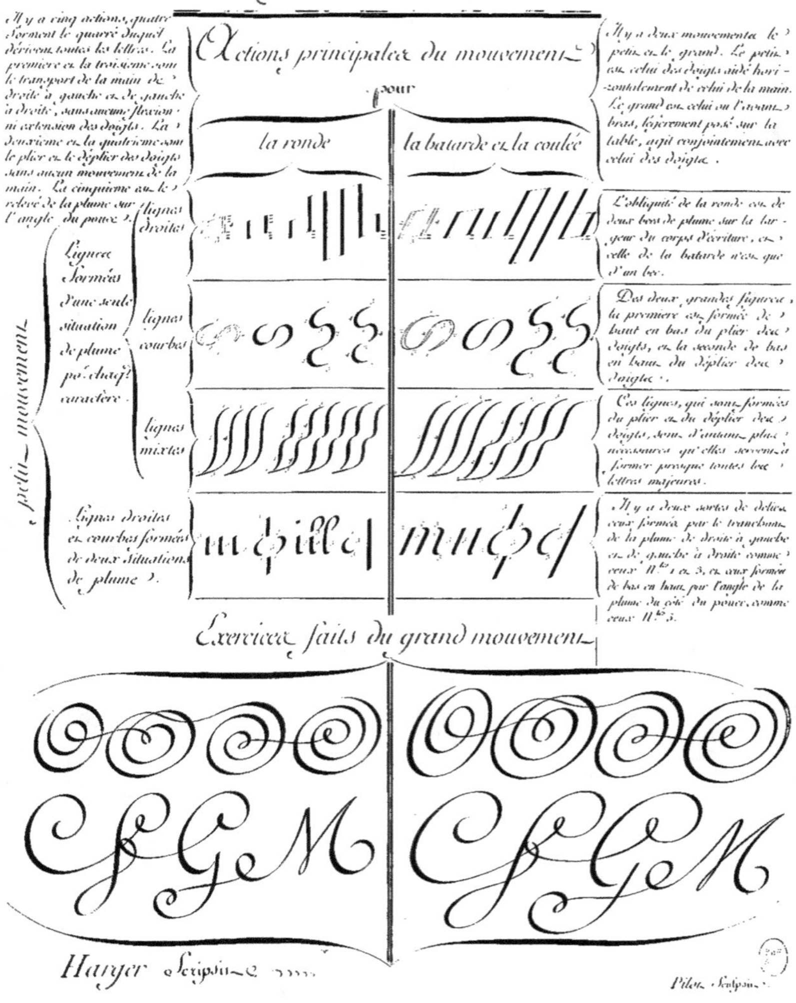
Principes de l'art d'écrire
Actions principales du mouvement pour
la ronde
la bâtarde et la coulée
petit mouvement
Lignes formées d'une seule situation de plume pour chaque caractère.
lignes droites
lignes courbes
lignes mixtes
Lignes droites et courbes formées de deux situations de plume.
Exercices faits du grand mouvement
Hanger Scripsit
Pilet Sculpsit

Autres Exercices
du petit Mouvement.
Pour ces exercices l'avant-bras doit être placé
comme pour
la Ronde
la Batarde et la Coulée
Observation
Par ces exercices, qui se font sans aucune mutation dans la situation de la plume, et
dont on ne peut trop recommander la pratique, l'Élève se fortifie dans la connoissance
des effets de la plume ; la main s'accoutume aux divers mouvemens propres à l'exécution
des lettres, et les doigts acquièrent la souplesse et la sureté dont ils ont besoin.

Barger
Beaublé fils

La tête du **d** doit s'élever d'un corps; celles de l'**b**, du **l**, et du **z**, d'un demi-corps. Les autres têtes doivent avoir un corps un bec d'élévation. On donne à toutes les queues, un corps et demi au dessous de la base du caractère, l'**h** seule ne doit dépasser la base que d'un corps d'écriture. Les queues boutonnées ont deux corps de large et l'on ne donne qu'un corps à celles qui sont bouclées. Le corps de hauteur et celui de largeur se trouvent dans le carré de l'**o**. On nomme bec, la largeur du bec de la plume.

La plume doit être tenue obliquement pour les lettres **s**, **v**, **z**; et de travers pour les lettres **y**, **x**.

La distance d'une partie droite à une autre est d'un corps; d'une partie droite à une ronde, de $\frac{3}{4}$ de corps; d'une partie ronde à une autre d'un demi corps. Entre les têtes des lettres **c**, **e**, est une partie droite la distance est d'un bec de plume.

Les lettres de cette dernière ligne marquées d'un A sont anciennes et peu usitées.

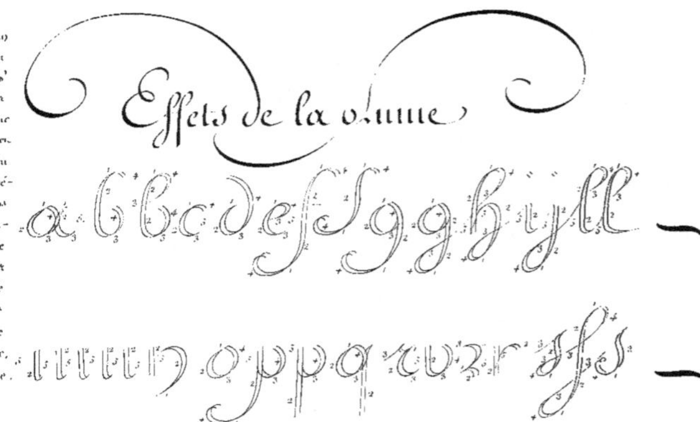

i o u

'écriture françoise, autrem.

nommée écriture ronde, doit être

perpendiculaire et avoir autant

de hauteur que de largeur. On

lui donne ordinairement quatre

becs de plume de haut sur quatre

de large, les deux pleins compris.

Aabcdefghijllmnoppqrssstuvxi

Targer scripsit
178

Diot sculpsit

VIII

Pour obtenir l'aplomb qu'exige la ronde,
l'avant-bras doit être placé sur une
ligne parallèle à celle qui couperoit
diagonalement le papier où l'on écrit,
de l'un des angles du haut à l'angle
opposé du bas. Pour les autres écritures,
qui sont inclinées de droite à gauche,
l'avant-bras doit être plus près du corps,
et pour cet effet on le place, à l'égard du
papier, sur une ligne parallèle à celle
qui est en marge, dont le carré d'où elle
sort représente la forme du papier.

Danger   Beaublé fils.

Les lettres majeures se

font, les unes, du mouvement simple ou petit mouvement,
qui est celui des doigts; les autres, du mouvement composé,
qui est celui où les doigts agissent conjointement avec
l'avant-bras. Elles se circonscrivent en général dans
un carré; c'est pourquoi il faut, pour celles qui se
forment du mouvement simple, placer sa main de
manière que les doigts puissent, sans gêne, en parcourir
toute l'étendue; et, pour les autres, que l'avant-bras
soit très légèrement posé sur la table, afin qu'il puisse
se mouvoir au besoin. On peut d'autant moins
s'écarter de ce principe, que la beauté de ces lettres
réside essentiellement dans la hardiesse de leurs traits.

A B C D E F
G H I J L M N O
P Q R S T U V W
X Y Z

Bauzer

Plusieurs de ces lettres
ne sont plus pratiquées;
mais il est bon de les
connoître pour la lecture
des anciens manuscrits.

Lettres capitales de la Ronde.

arger

Beaublé fils.

La tête du *g*, ne doit avoir
qu'un corps d'élévation, celle
du *l*, un demi-corps, et les
lettres *j*, *z*, doivent excéder
d'un bon bec de plume.
Quant aux queues elles
doivent passer au dessous
de la base, d'un corps et demi ; leur largeur en coïnes
pour celles de ronde, d'un
corps ou de deux, suivant
qu'elles sont bouclées ou
boutonnées. Lorsqu'elles
sont boutonnées la cour-
be doit être d'un demi -
corps d'élévation.

Effets de la plume

a b c d e f ss g g h i
j ll m n o p p q r z
v s ss t u v x y z

Proportions des lettres

A a b c d e f ss g g h i j
ll m n o p p q r v s ss
a t u v v x y z &

La plume doit être tenue
plus obliquement, pour
les lettres *j*, *t*, *z*, et
de travers pour le *z*,
de celle d^re forme.

Bærger

Pilot.

XII

L'écriture italienne,
ou bâtarde, doit avoir
huit becs de plume
de hauteur, six de
largeur; y compris
les deux pleins, et
trois becs de pente.

Barger scripsit.

Pilon Sculpsit.

Un corps d'écriture est le carré de
l'o réglé, comme il a été dit, sur
l'épaisseur du plein: c'est la mesure
des distances entre les caractères.
Ces distances sont de deux corps
entre les mots et les lettres où est
l'apostrophe, d'un corps entre
deux parties droites d'un même
mot, de moitié seulement entre
deux parties convexes, et de 3/4
de corps entre une de celles-ci et une
droite.

Barget

Beaublé fils.

Ayant donné, sur la ronde, les procédés qu'il
faut employer pour exécuter les lettres majeures,
on observe ici que dans les trois écritures elles
doivent avoir deux corps au dessus du caractère
mineur et pareille étendue au dessous ; ce qui
donne, en totalité, à celles qui ne dépassent point
la base du caractère, trois fois l'élévation du du
caractère, et aux autres cinq fois cette élévation.
Ces principes, qui souffrent quelques exceptions,
ne sont pas suivis à la rigueur, parce qu'ils
captiveroient la main, il faut seulement les
connoître pour s'en rapprocher dans l'exécution.

Barger

Beaublé filit

Sur la position du corps

on observe qu'il doit être placé pour la ronde, à cause de l'aplomb de ce caractère, parallèlement à la table, et pour les deux autres écritures il faut que le côté gauche en soit un peu plus rapproché que le côté droit. Dans l'un et l'autre cas le corps doit être un peu courbé sans aucunement toucher à la table. Le bras gauche, posé sur le bord de la table jusques et compris le coude, doit soutenir le corps pour laisser au bras droit la faculté de se mouvoir au besoin.

Quant à la tête

elle doit être tenue droite pour les trois écritures. Si elle penche sur la gauche la direction des lignes va en montant, si elle est inclinée sur la droite les lignes vont en descend.[*] Le papier, qui doit aller et venir suivant que les lignes sont plus ou moins avancées, doit être placé de manière que l'endroit où l'on écrit se trouve pour la ronde, vis-à-vis les boutons de la veste, et pour les autres écritures, vis-à-vis l'épaule droite, et ce à cause des différentes positions de l'avant-bras.[*]

[*] Ces positions sont expliquées à la planche N° VIII.

Targer

Lettres capitales de Batarde et de Coulée.
charger
Beaublé fils.

XVII

Pour procurer aux
doigts la flexibilité
dont ils ont besoin,
il faut s'exercer à la
grosse coulée. Ses
proportions sont
celles de la bâtarde.

es doigts. Ceux qui tiennent
la plume doivent être un peu courbés
afin de pouvoir s'étendre et se
plier davantage pour exprimer
les têtes et les queues des lettres,
vu que la main ne doit jamais
agir en montant ni en descendant,
mais seulement sur la droite et
sur la gauche.

Narjot   LeBeaublé fils.

XIX

Coulée. C'est le nom d'une écriture qui a paru se prêter plus que les autres à l'expédition; elle dérive de la Ronde et de la Bâtarde. Elle est moins belle que la dernière, parce qu'il y a une confusion dans les M, N, U, qui, à certains mots formés en grande partie de jambages, tel que celui communiquer, en rend la lecture difficile. Pour éviter cet inconvénient il faut s'accoutumer à conduire les liaisons, aux M et N, de la base à la sommité des jambages, afin de distinguer ces lettres des U, où la liaison du premier jambage se perd dans le second vers le milieu de sa hauteur. Sans cette attention on ne pourroit distinguer, que par le sens de la phrase, les mots de l'espèce de ceux ﾙﾙﾙﾙ, ﾙﾙﾙﾙ, dont le matériel ne diffère que par la conduite des liaisons, ni aussi les noms propres où, pour ceux-ci, la phrase ne peut être d'aucun secours.

1 2 2 3 3 4 5 6 - 8 9 0

Marger

Beaublé fils.

La planche N.XII sert de modèle pour la 4e coulée. Celle N.III et la présente note, en servent pour la bâtarde coulée, qui, aussi expéditive que la coulée, n'a pas l'inconvénient de la confusion.

XX

On distingue deux sortes de principes. Ceux qui constituent l'Art d'écrire, et ceux de la configuration.

Par les premiers on attend tout ce qui peut procurer un mouvement libre et méthodique, et par les secondes les proportions des lettres.

Celui qui veut éviter ces écritures belles en apparence, qui dégénerent en griffonnage, dès qu'on hâte un peu sa marche, ne doit s'attacher à la configuration qu'après s'être assuré des principes de l'art.

Barger scripsit

Pilot sculpsit

XXI

Élection de Provins

Exercice 1759

État des impositions des deux vingtièmes et deux sous pour livre du dixième du 4.e Département de Provins, pour l'année 1759, reçues par le préposé et par lui versées au Receveur des tailles de l'Élection de la dite ville, à la déduction des 4 d. p[our] livre à lui attribués et des frais de quittances.

Savoir

Dates des Récépissés	Rôles des Vingtièmes — Biens-fonds : principal	2.e pour £	Industrie : principal	1re exposition	Totaux des Récépissés	Totaux des Recettes et Dépenses
9.e Mars 1759	54000	5400	501 10	40 3	59841 13	
10.e Avril	54 -	54 14	510	-	6025 5	
4 Mai	4500	450	411 6 8	41 2 8	6502 9 4	73268 5 9
5 Juillet	1585	158 10	59	5 18	1808 8	
20.e Septembre	946	91 12	13 10	4 11	1090 13	
	66508	6650 16	191 12 6	191 13 3		
	73158 16		2109 - 9			

Versements du Préposé au Receveur des tailles.

Dates	Nature des Payements — Espèces	Effets	Espèces	Effets	Totaux	
10 Mai	28 10	50 -	910	75	34 9 -	
2.e Juillet	1830	365	892	21	1959 2	74004
15.e Octobre	182 6	1160	93	84	1961 3	
	65300	6597	192 -	180		
	71897		210 -			

frais de quittances 9 14 5
4 d. p[our] livre des impositions ...... 1251 9 4 — 1264 3 9

Somme égale à la Recette 73268 5 9

Darger, scripsit. Beaublé del. sculpsit.

Duchesse.

Comme cette écriture s'exécute librement
du mouvement des doigts, sans aucune
mutation de plume, elle conduit à la
belle configuration de la Coulée, en
faisant éviter le défaut dont il est
parlé planche XIX. on s'en sert pour
les titres des écritures cursives.

Écriture Anglaise.

On se réfère, pour cette écriture, à ce qui est dit dans
un des Mémoires précédents, et l'on ne profite du
modèle qu'on en donne ici que pour observer, sur
les caractères français, de ne tourner la plume du
côté du pouce que lorsqu'elle est arrivée, sur son
tranchant, autrement l'effet de l'angle des doigts
manqueroit, ou le plein porteroit en dessous.

Exemple

Mangé.

www.ingramcontent.com/pod-product-compliance
Lightning Source LLC
LaVergne TN
LVHW022308170726
843503LV00006B/2392